천자문 따라쓰기
명필 한석봉 서체로

성명제(전 초등 한자 검인정 교과서 심의 위원) 엮음
정재홍 그림

효리원
hyoreewon.com

머리말

요즈음 한자 배우기 열풍이 요원의 불길처럼 일고 있습니다. 한자 검증 시험에 해마다 응시생이 봇물처럼 늘어나고 있으며, 각종 시험에 한자가 등장하고 있습니다. 이렇듯 초등학생부터 대학생까지 한자 학습 열풍에 싸여 있는 이유는 무엇일까요? 단지 시험에 합격하기 위한 목적 때문일까요? 그렇지 않습니다. 한자는 우리 언어생활의 근간이 되고 학문을 연마하는 데 중요한 도구적 측면이 있습니다. 일상 대화에서도, 서너 줄의 글에서도 한자를 모르면 그 뜻을 정확히 알 수 없는 경우가 많이 있습니다.

어디 그뿐인가요? 우리의 역사·전통문화·풍습·조상의 삶·예절 등에서 한자를 모르면 이해 못 하는 부분들이 수없이 많습니다.

한자를 무시하고 사는 일은 마치 음식물에서 영양분은 빼고 섬유질만 섭취하는 것처럼 실속 없는 일입니다.

한·중·일 동방 삼국은 한자 문화권에서 살아왔습니다. 21세기를 맞이하여 우리는 이들 나라와 유대 관계를 더욱 긴밀히 해야 할 동북아 시대를 맞이하고 있습니다. 이러한 때 나는 한자 학습의 새로운 방법을 소개하고자 합니다.

천자문은 예부터 한자 공부의 첫걸음으로 널리 애용해 왔습니다.

중국의 양무제 때 주흥사라는 사람이, 황제의 명을 받아 하룻밤 사이에 지었다고 하는데, 그가 얼마나 고심과 정성을 다했는지 집필을 마치고 보니 머리가 백발이 되었다고 합니다. 그래서 후세 사람들은 그가 지은 천자문을 '백수문(白首文)'이라고도 합니다.

천자문은 천 개의 한자를 한 번도 중복해서 쓰지 않고 네 글자씩 그 의미가 통하도록 엮은 책입니다. 자연 세계와 인류의 도덕과 문명에 이르는 광범위하고 심오한 철학과 함께 삶의 지혜와 사상을 담고 있습니다.

예전에 귀한 자식을 낳아 첫돌을 맞으면 아버지는 천 명에게 각각 한 글자씩 써 달라고 부탁해서, 말 그대로 천인천자문(千人千字文)으로 엮어 돌상에 올려놓기도 했습니다. 그렇게 하면 그 많은 지혜가 고스란히 책 속에 담겨져서 사랑하는 자식에게 옮겨질 것이라고 믿었던 것입니다.

천자문만이 지니고 있는 깊은 함축성과 맛깔스러움, 시적 아름다움과 세련된 어휘의 절제된 문장, 노래하듯 음송하며 뜻과 음을 함께 익힐 수 있는 탁월함은, 어떤 고전도 따를 수 없는 뛰어난 고전적인 가치와 교육적인 가치를 지니고 있습니다.

어느 때보다 우리 자신의 자존과 도덕성 회복이 절실한 이때, 천자문으로 오늘 우리 자신의 모습과 진정한 삶의 가치를 한 번쯤 돌아보는 계기가 되었으면 합니다.

엮은이 *성명제*

차례

머리말 ... 2

한자를 예쁘게 쓰는 방법 ... 8

01	天地玄黃 천지현황	宇宙洪荒 우주홍황	10
02	日月盈昃 일월영측	辰宿列張 진숙렬장	12
03	寒來暑往 한래서왕	秋收冬藏 추수동장	14
04	閏餘成歲 윤여성세	律呂調陽 율려조양	16
05	雲騰致雨 운등치우	露結爲霜 노결위상	18
06	金生麗水 금생려수	玉出崑岡 옥출곤강	20
07	劍號巨闕 검호거궐	珠稱夜光 주칭야광	22
08	果珍李柰 과진리내	菜重芥薑 채중개강	24
09	海鹹河淡 해함하담	鱗潛羽翔 인잠우상	26
10	龍師火帝 용사화제	鳥官人皇 조관인황	28
11	始制文字 시제문자	乃服衣裳 내복의상	30
12	推位讓國 추위양국	有虞陶唐 유우도당	32
13	弔民伐罪 조민벌죄	周發殷湯 주발은탕	34
14	坐朝問道 좌조문도	垂拱平章 수공평장	36
15	愛育黎首 애육려수	臣伏戎羌 신복융강	38
16	遐邇壹體 하이일체	率賓歸王 솔빈귀왕	40
17	鳴鳳在樹 명봉재수	白駒食場 백구식장	42
18	化被草木 화피초목	賴及萬方 뇌급만방	44
19	蓋此身髮 개차신발	四大五常 사대오상	46
20	恭惟鞠養 공유국양	豈敢毀傷 기감훼상	48
21	女慕貞烈 여모정렬	男效才良 남효재량	50
22	知過必改 지과필개	得能莫忘 득능막망	52
23	罔談彼短 망담피단	靡恃己長 미시기장	54
24	信使可覆 신사가복	器欲難量 기욕난량	56
25	墨悲絲染 묵비사염	詩讚羔羊 시찬고양	58
26	景行維賢 경행유현	剋念作聖 극념작성	60
27	德建名立 덕건명립	形端表正 형단표정	62
28	空谷傳聲 공곡전성	虛堂習聽 허당습청	64
29	禍因惡積 화인악적	福緣善慶 복연선경	66
30	尺璧非寶 척벽비보	寸陰是競 촌음시경	68

31	資父事君 자부사군	曰嚴與敬 왈엄여경	70
32	孝當竭力 효당갈력	忠則盡命 충즉진명	72
33	臨深履薄 임심리박	夙興溫凊 숙흥온정	74
34	似蘭斯馨 사란사형	如松之盛 여송지성	76
35	川流不息 천류불식	淵澄取映 연징취영	78
36	容止若思 용지약사	言辭安定 언사안정	80
37	篤初誠美 독초성미	愼終宜令 신종의령	82
38	榮業所基 영업소기	籍甚無竟 적심무경	84
39	學優登仕 학우등사	攝職從政 섭직종정	86
40	存以甘棠 존이감당	去而益詠 거이익영	88
41	樂殊貴賤 악수귀천	禮別尊卑 예별존비	90
42	上和下睦 상화하목	夫唱婦隨 부창부수	92
43	外受傅訓 외수부훈	入奉母儀 입봉모의	94
44	諸姑伯叔 제고백숙	猶子比兒 유자비아	96
45	孔懷兄弟 공회형제	同氣連枝 동기연지	98
46	交友投分 교우투분	切磨箴規 절마잠규	100
47	仁慈隱惻 인자은측	造次弗離 조차불리	102
48	節義廉退 절의렴퇴	顚沛匪虧 전패비휴	104
49	性靜情逸 성정정일	心動神疲 심동신피	106
50	守眞志滿 수진지만	逐物意移 축물의이	108
51	堅持雅操 견지아조	好爵自縻 호작자미	110
52	都邑華夏 도읍화하	東西二京 동서이경	112
53	背邙面洛 배망면락	浮渭據涇 부위거경	114
54	宮殿盤鬱 궁전반울	樓觀飛驚 누관비경	116
55	圖寫禽獸 도사금수	畵綵仙靈 화채선령	118
56	丙舍傍啓 병사방계	甲帳對楹 갑장대영	120
57	肆筵設席 사연설석	鼓瑟吹笙 고슬취생	122
58	陞階納陛 승계납폐	弁轉疑星 변전의성	124
59	右通廣內 우통광내	左達承明 좌달승명	126
60	旣集墳典 기집분전	亦聚群英 역취군영	128
61	杜藁鐘隷 두고종례	漆書壁經 칠서벽경	130
62	府羅將相 부라장상	路俠槐卿 노협괴경	132

63	戶封八縣 호봉팔현	家給千兵 가급천병	134	79	雁門紫塞 안문자새	鷄田赤城 계전적성	166
64	高冠陪輦 고관배련	驅轂振纓 구곡진영	136	80	昆池碣石 곤지갈석	鉅野洞庭 거야동정	168
65	世祿侈富 세록치부	車駕肥輕 거가비경	138	81	曠遠綿邈 광원면막	巖岫杳冥 암수묘명	170
66	策功茂實 책공무실	勒碑刻銘 늑비각명	140	82	治本於農 치본어농	務玆稼穡 무자가색	172
67	磻溪伊尹 반계이윤	佐時阿衡 좌시아형	142	83	俶載南畝 숙재남무	我藝黍稷 아예서직	174
68	奄宅曲阜 엄택곡부	微旦孰營 미단숙영	144	84	稅熟貢新 세숙공신	勸賞黜陟 권상출척	176
69	桓公匡合 환공광합	濟弱扶傾 제약부경	146	85	孟軻敦素 맹가돈소	史魚秉直 사어병직	178
70	綺回漢惠 기회한혜	說感武丁 열감무정	148	86	庶幾中庸 서기중용	勞謙謹勅 노겸근칙	180
71	俊乂密勿 준예밀물	多士寔寧 다사식녕	150	87	聆音察理 영음찰리	鑑貌辨色 감모변색	182
72	晋楚更霸 진초갱패	趙魏困橫 조위곤횡	152	88	貽厥嘉猷 이궐가유	勉其祗植 면기지식	184
73	假途滅虢 가도멸괵	踐土會盟 천토회맹	154	89	省躬譏誡 성궁기계	寵增抗極 총증항극	186
74	何遵約法 하준약법	韓弊煩刑 한폐번형	156	90	殆辱近恥 태욕근치	林皋幸卽 임고행즉	188
75	起翦頗牧 기전파목	用軍最精 용군최정	158	91	兩疏見機 양소견기	解組誰逼 해조수핍	190
76	宣威沙漠 선위사막	馳譽丹靑 치예단청	160	92	索居閑處 색거한처	沈默寂寥 침묵적료	192
77	九州禹跡 구주우적	百郡秦幷 백군진병	162	93	求古尋論 구고심론	散慮逍遙 산려소요	194
78	嶽宗恒岱 악종항대	禪主云亭 선주운정	164	94	欣奏累遣 흔주루견	慼謝歡招 척사환초	196

95	渠荷的歷 거 하 적 력	園莽抽條 원 망 추 조	198	111	牋牒簡要 전 첩 간 요	顧答審詳 고 답 심 상	230
96	枇杷晚翠 비 파 만 취	梧桐早凋 오 동 조 조	200	112	骸垢想浴 해 구 상 욕	執熱願凉 집 열 원 량	232
97	陳根委翳 진 근 위 예	落葉飄颻 낙 엽 표 요	202	113	驢騾犢特 여 라 독 특	駭躍超驤 해 약 초 양	234
98	遊鯤獨運 유 곤 독 운	凌摩絳霄 능 마 강 소	204	114	誅斬賊盜 주 참 적 도	捕獲叛亡 포 획 반 망	236
99	耽讀翫市 탐 독 완 시	寓目囊箱 우 목 낭 상	206	115	布射僚丸 포 사 료 환	嵇琴阮嘯 혜 금 완 소	238
100	易輶攸畏 이 유 유 외	屬耳垣墻 속 이 원 장	208	116	恬筆倫紙 염 필 륜 지	鈞巧任釣 균 교 임 조	240
101	具膳飡飯 구 선 손 반	適口充腸 적 구 충 장	210	117	釋紛利俗 석 분 리 속	竝皆佳妙 병 개 가 묘	242
102	飽飫烹宰 포 어 팽 재	飢厭糟糠 기 염 조 강	212	118	毛施淑姿 모 시 숙 자	工嚬姸笑 공 빈 연 소	244
103	親戚故舊 친 척 고 구	老少異糧 노 소 이 량	214	119	年矢每催 연 시 매 최	曦暉朗曜 희 휘 랑 요	246
104	妾御績紡 첩 어 적 방	侍巾帷房 시 건 유 방	216	120	璇璣懸斡 선 기 현 알	晦魄環照 회 백 환 조	248
105	紈扇圓潔 환 선 원 결	銀燭煒煌 은 촉 위 황	218	121	指薪修祐 지 신 수 우	永綏吉邵 영 수 길 소	250
106	晝眠夕寐 주 면 석 매	藍筍象床 남 순 상 상	220	122	矩步引領 구 보 인 령	俯仰廊廟 부 앙 랑 묘	252
107	絃歌酒讌 현 가 주 연	接杯擧觴 접 배 거 상	222	123	束帶矜莊 속 대 긍 장	徘徊瞻眺 배 회 첨 조	254
108	矯手頓足 교 수 돈 족	悅豫且康 열 예 차 강	224	124	孤陋寡聞 고 루 과 문	愚蒙等誚 우 몽 등 초	256
109	嫡後嗣續 적 후 사 속	祭祀蒸嘗 제 사 증 상	226	125	謂語助者 위 어 조 자	焉哉乎也 언 재 호 야	258
110	稽顙再拜 계 상 재 배	悚懼恐惶 송 구 공 황	228		찾아보기		260

한자를 예쁘게 쓰는 방법

한자는 획수가 복잡하면서도 일정한 순서를 가지고 있습니다. 이를 '필순'이라고 합니다. 따라서 한자는 정해진 필순에 따라 써야 합니다.

첫째, 가로를 먼저 긋고 그다음 세로를 내립니다. 둘째, 왼쪽에서 오른쪽 순서로 차례로 써 내려갑니다. 셋째, 위에서 아래로 차례로 써 내려갑니다.

설명	글자	필순
위아래 구조의 글자는 위에서 아래로 쓴다.	言	言言言言言言言
좌우 구조로 된 글자는 왼쪽에서 오른쪽으로 쓴다.	外	外外外外外
왼쪽과 오른쪽이 대칭을 이루면 가운데 획을 먼저 쓴다.	水	水水水水
가로와 세로 획이 교차될 때는 가로획을 먼저 쓴다.	十	十十
가운데를 꿰뚫는 획은 가장 나중에 쓴다.	車	車車車車車車車
둘러싼 것은 가장자리부터 쓴다.	同	同同同同同同
받침은 나중에 쓴다.	近	近近近近近近近
가로 긋고 삐친다.	左	左左左左左
왼쪽 먼저 삐치고 오른쪽 삐친다.	父	父父父父

한자를 예쁘게 쓰려면 위와 같이 정해진 필순에 따라 쓰는 것은 물론, 한자마다 가지고 있는 획의 모양을 잘 살려 써야 합니다. 永(길 영) 자로 몇 가지 쓰는 방법을 알아볼까요?

첫째, 가로획은 5~10도가량 비스듬하게 올려 써야 합니다.(永, 軍, 國, 室)
단, 맨 아랫부분 가로획은 5~10도 비스듬히 올리지 않고, 수평에 가까운 느낌으로 써야 합니다.(軍, 國, 室)

둘째, 세로로 내리는 획은 끝을 살짝 삐쳐 올리는 획(永)과 삐쳐 올리지 않고 그대로 내려 긋는 획(木)을 잘 구분해서 써야 합니다.

셋째, 오른쪽으로 삐치는 획은 힘차게 빼다가 끝부분에서 힘을 빼듯 살짝 삐쳐 주어야 예쁜 모양이 됩니다.(永)

넷째, 길게 왼쪽으로 삐치는 획은 전체가 살짝 휘어진 듯 써야 예쁜 모양이 됩니다.(永)

하늘 천, 땅 지, 검을 현, 누를 황……. 천자문 공부를 하고 싶은데 막막하다고요? 걱정하지 마세요. 명필 한석봉이 쓴 천자문을 펼치고 하루에 8자씩 125일만 따라 쓰면 어느새 어조사 야(也)까지 천 자를 익힐 수 있을 거예요. **자, 준비되었나요? 그럼 천자문을 정복하러 출발~~!**

1일 天地玄黃 (천지현황)

하늘은 너무나도 멀고 아득해서 검게 보이고,
땅은 흙의 색깔 때문에 누렇다.

天 하늘 천
- 쓰임 | 天地(천지) : 하늘과 땅. 青天(청천) : 푸른 하늘.
- 필순 | 一 二 ナ 天

地 땅 지
- 쓰임 | 地名(지명) : 땅 이름. 各地(각지) : 각 지방.
- 필순 | 一 十 土 圵 地 地

玄 검을 현
- 쓰임 | 玄米(현미) : 검은 쌀. 上玄(상현) : 하늘 또는 하느님.
- 필순 | 丶 亠 ナ 玄 玄

黃 누를 황
- 쓰임 | 黃金(황금) : 누런 금. 卵黃(난황) : 알의 노른자위.
- 필순 | 一 十 廿 廾 甘 苦 苦 苗 黃 黃

1일 宇宙洪荒 (우주홍황)

하늘과 땅 사이는 넓고 커서 끝이 없다.
즉, 세상이 넓음을 말한다.

宇 집 우
- 쓰임 | 宇宙(우주): 온 세상. 氣宇(기우): 기개와 도량.
- 필순 | ⸍ ⸍ 宀 宀 宇 宇

宙 집 주
- 쓰임 | 宙然(주연): 넓은 모양. 宙表(주표): 하늘의 바깥.
- 필순 | ⸍ ⸍ 宀 宀 宁 宙 宙 宙

洪 넓을 홍
- 쓰임 | 洪水(홍수): 큰물. 洪魚(홍어): 가오릿과에 속하는 바닷물고기.
- 필순 | ⸍ ⸍ 氵 氵 汁 汫 洪 洪 洪

荒 거칠 황
- 쓰임 | 荒土(황토): 거친 땅. 荒廢(황폐): 버려두어 못 쓰게 됨.
- 필순 | ⸍ ⸍ 艹 艹 芊 芒 芒 荒 荒 荒

2일 日月盈昃 (일월영측)

해는 서쪽으로 기울고 달도 차면 점차 기울어진다.

日 (날 일)

쓰임 | 日記(일기) : 그날 있었던 일이나 느낌을 적은 기록. 休日(휴일) : 쉬는 날.

필순 | 丨 冂 日 日

月 (달 월)

쓰임 | 月給(월급) : 다달이 받는 급료. 每月(매월) : 달마다, 다달이.

필순 | 丿 冂 月 月

盈 (찰 영)

쓰임 | 盈盛(영성) : 가득 차고 성함. 盈滿(영만) : 가득 참.

필순 | 丿 乃 夃 夃 夃 夃 夃 盈

昃 (기울 측)

쓰임 | 昃聞(측문) : 얼핏 소문으로 들음. 昃行(측행) : 옆으로 비켜서 걸음.

필순 | 丨 冂 日 日 旦 尸 昃 昃

2일 辰宿列張 (진숙렬장)

별들은 각각 제자리가 있어서 하늘에 넓게 펼쳐져 있다.

辰 별 진

- **쓰임**: 辰時(진시): 오전 7시에서 9시 사이. 壬辰(임진): 60갑자의 29번째.
- **필순**: 一 厂 厂 厂 辰 辰 辰

宿 잘 숙/별자리 수

- **쓰임**: 露宿(노숙): 길에서 잠. 星宿(성수): 모든 별자리의 별들.
- **필순**: ' ' 宀 宀 宀 宀 宀 宿 宿 宿 宿

列 줄지을 렬

- **쓰임**: 列島(열도): 줄을 짓듯이 늘어서 있는 섬들. 同列(동렬): 같은 줄.
- **필순**: 一 ア 歹 歹 列 列

張 베풀 장

- **쓰임**: 張本人(장본인): 일을 일으킨 주모자. 主張(주장): 자기의 의견을 고집함.
- **필순**: ' ⁊ ⼸ 引 引 弨 弨 弨 張 張 張

3일 寒來暑往 (한래서왕)

찬 것이 오면 더운 것이 가고 더운 것이 오면 찬 것이 간다.
즉 계절이 바뀜을 말함.

寒 찰 한
- **쓰임**: 寒氣(한기) : 오싹하여 몸이 떨리는 기운. 大寒(대한) : 24절기의 하나.
- **필순**: 丶 丷 宀 宀 宀 宀 宀 㝮 寋 寒 寒 寒

來 올 래
- **쓰임**: 來往(내왕) : 오고 감. 未來(미래) : 다가올 앞날.
- **필순**: 一 厂 厂 厼 厼 來 來 來

暑 더울 서
- **쓰임**: 暑熱(서열) : 심한 더위. 避暑(피서) : 시원한 곳으로 옮겨 더위를 피함.
- **필순**: 丨 冂 冂 日 旦 早 星 昦 昦 昦 暑 暑

往 갈 왕
- **쓰임**: 往復(왕복) : 갔다가 돌아옴. 右往左往(우왕좌왕) : 이리저리 왔다 갔다 함.
- **필순**: 丿 彳 彳 彳 彳 彳 衤 往 往

3일 秋收冬藏 (추수동장)

가을에 곡식을 거두고 겨울이 오면 그것을 저장한다.

秋 가을 추

- **쓰임**: 秋夕(추석) : 음력 8월 15일, 한가위. 春秋(춘추) : 봄과 가을.
- **필순**: 一 二 千 千 禾 禾 秋 秋 秋

收 거둘 수

- **쓰임**: 收入(수입) : 금품이나 곡물 같은 것을 거두어들임. 吸收(흡수) : 빨아들임.
- **필순**: 丨 丩 屮 屶 收 收

冬 겨울 동

- **쓰임**: 冬眠(동면) : 겨울잠. 嚴冬(엄동) : 몹시 추운 겨울.
- **필순**: 丿 ク 久 冬 冬

藏 감출 장

- **쓰임**: 藏書(장서) : 책을 간직하여 둠. 秘藏(비장) : 비밀히 감춤.
- **필순**: 丶 丷 艹 ナ 产 芹 芦 莑 莑 菀 蔵 藏 藏 藏

4일 閏餘成歲 (윤여성세)

1년의 남은 시간을 모아 4년마다
한 차례씩 윤달을 두어 윤년을 정하였다.

閏 윤달 윤

쓰임 | 閏年(윤년) : 음력에서 윤달이 든 해. 閏位(윤위) : 정통이 아닌 임금의 자리.

필순 | 丨 丨 丨 丨 丨 門 門 門 閏 閏 閏

餘 남을 여

쓰임 | 餘裕(여유) : 넉넉하고 남음이 있음. 剩餘(잉여) : 쓰고 난 나머지.

필순 | 丿 人 𠆢 亽 今 今 余 余 飠 飠 飠 餘 餘 餘 餘

成 이룰 성

쓰임 | 成功(성공) : 목적한 바를 이룸. 完成(완성) : 완전히 다 이룸.

필순 | 丿 厂 厈 成 成 成

歲 해 세

쓰임 | 歲出(세출) : 일 년 동안의 지출. 歲拜(세배) : 새해에 웃어른에게 하는 인사.

필순 | 丨 卜 止 止 产 产 产 芦 芦 芦 歲 歲 歲

4일 律呂調陽 (율려조양)

천지간의 양지를 고르게 하니, 즉 율은 양이고 여는 음이다.

律 법률

쓰임 | 律動(율동) : 규칙적인 운동. 法律(법률) : 국민이 지켜야 할 나라의 규율.

필순 | ノ ク 彳 彳 彳 律 律 律 律

呂 법칙 려

쓰임 | 呂鉅(여거) : 자랑하여 뽐내는 모양. 呂律(여율) : 음의 음률과 양의 음률.

필순 | ㆍ 口 口 므 므 呂 呂

調 고를 조

쓰임 | 調律(조율) : 악기의 음을 고르는 것. 曲調(곡조) : 가락.

필순 | ㆍ ㆍ 三 主 言 言 言 訂 訊 調 調 調 調 調

陽 볕 양

쓰임 | 陽地(양지) : 볕이 바로 드는 곳. 太陽(태양) : 해.

필순 | ㆍ ㆍ 阝 阝 阝 阡 阡 阻 阻 陽 陽 陽

5일 雲騰致雨 (운등치우)

구름이 올라가서 비가 된다. 즉, 자연의 기상을 말한다.

雲 구름 운

- **쓰임**: 雲霧(운무): 구름과 안개. 風雲(풍운): 바람과 구름.
- **필순**: 一 一 一 一 一 雨 雨 雨 雪 雲 雲 雲

騰 오를 등

- **쓰임**: 騰落(등락): 값이 오르고 내림. 暴騰(폭등): 갑자기 뛰어오름.
- **필순**: ㅣ ㄱ ㅈ ㅈ ㅈ ㅈ 肝 胖 胖 胖 胖 腾 腾 腾 腾 腾 騰 騰

致 이를 치

- **쓰임**: 致命(치명): 목숨이 끊어질 지경에 이름. 理致(이치): 사물의 정당한 조리.
- **필순**: 一 厂 工 互 至 至 至 致 致 致

雨 비 우

- **쓰임**: 雨期(우기): 비가 오는 시기. 豪雨(호우): 줄기차게 내리는 큰비.
- **필순**: 一 一 一 雨 雨 雨 雨 雨

5일 露結爲霜 (노결위상)

이슬이 맺혀 공기 중의 찬 기운과 닿으면 얼어서 서리가 된다.

| 露 이슬 로 | 쓰임 | 露天(노천) : 지붕이 없는 곳. 寒露(한로) : 24절기의 하나. |
| | 필순 | 一 厂 戸 币 帀 雨 雨 雨 雨 雫 霌 雳 霞 露 露 露 |

| 結 맺을 결 | 쓰임 | 結末(결말) : 끝을 맺음. 團結(단결) : 많은 사람이 뭉쳐 행동하는 일. |
| | 필순 | ㄴ ㄠ 幺 ዿ 糸 糸 糹 結 結 結 結 |

| 爲 할 위 | 쓰임 | 爲政者(위정자) : 정치를 하는 사람. 行爲(행위) : 행하는 짓. |
| | 필순 | 一 ㄏ ㄏ ㄏ ㄏ 尸 尸 爲 爲 爲 爲 |

| 霜 서리 상 | 쓰임 | 霜降(상강) : 24절기의 하나로 서리가 내림. 風霜(풍상) : 바람과 서리. |
| | 필순 | 一 厂 戸 币 帀 雨 雨 雨 雨 雫 霜 霜 霜 霜 霜 |

6일 金生麗水 (금생려수)

금은 여수에서 난다.
여수는 중국의 지명으로, 지금의 운남성 보산현에 있다.

金 쇠 금
- 쓰임 | 金冠(금관) : 금으로 만든 관. 黃金(황금) : 누런 금.
- 필순 | ノ 人 亼 亼 仐 全 金 金

生 날 생
- 쓰임 | 生氣(생기) : 활발하고 생생한 기운. 胎生(태생) : 태어남.
- 필순 | ノ ㇑ 卄 牛 生

麗 고울 려
- 쓰임 | 麗色(여색) : 아름다운 얼굴. 美麗(미려) : 아름답고 고움.
- 필순 | 一 厂 冂 币 两 丙 襾 襾 麗 麗 麗 麗 麗 麗 麗

水 물 수
- 쓰임 | 水災(수재) : 큰물로 입는 재해. 冷水(냉수) : 찬물.
- 필순 | 丨 刁 才 水

6일 玉出崑岡 (옥출곤강)

옥은 곤륜산에서 난다.
곤륜산은 중국 강소성에 있는 산으로,
여기서 옥이 많이 나왔다 하여 이런 말이 생겼다.

玉 구슬 옥

- 쓰임 | 玉童子(옥동자) : 옥같이 예쁜 아들. 玉石(옥석) : 옥과 돌.
- 필순 | 一 二 干 王 玉

出 날 출

- 쓰임 | 出發(출발) : 길을 떠남. 出生(출생) : 사람이 태어남.
- 필순 | 丨 屮 屮 出 出

崑 메 곤

- 쓰임 | 崑崙山(곤륜산) : 중국 전설에 나오는 높은 산.
- 필순 | 丨 冂 屮 屮 岜 岜 崮 崑 崑 崑 崑

岡 메 강

- 쓰임 | 岡陵(강릉) : 언덕이나 작은 산.
- 필순 | 丨 冂 冂 冂 岡 岡 岡 岡

7일 劍號巨闕 (검호거궐)

칼은 거궐이라고 이름하였다.
거궐은 구야자가 만든 옛날 중국의 명검이다.

劍 칼 검

쓰임 | 劍客(검객) : 검술을 잘하는 사람. 銃劍(총검) : 총과 칼.

필순 | ノ 人 亼 스 슦 슌 슌 僉 僉 僉 僉 劍 劍

號 이름 호

쓰임 | 號令(호령) : 지휘하여 명령함. 符號(부호) : 일정한 뜻을 나타내기 위해 정한 기호.

필순 | ヽ 口 口 旦 号 号 号⺁ 号⺁ 号⺁ 號 號 號

巨 클 거

쓰임 | 巨人(거인) : 큰 사람. 巨星(거성) : 큰 별.

필순 | 丨 冂 冂 戶 巨

闕 집 궐

쓰임 | 闕内(궐내) : 대궐 안. 宮闕(궁궐) : 임금이 거처하는 집.

필순 | 丨 冂 冂 冂 冂 門 門 門 門 門 門 閂 閂 閇 閇 閼 闕 闕

7일 珠稱夜光 (주칭야광)

구슬이 밤에도 찬란하게 빛나는 고로 야광주라 칭하였다.

珠 구슬 주
- **쓰임** | 珠玉(주옥) : 구슬과 옥돌. 眞珠(진주) : 조개에서 만들어지는 보석.
- **필순** | 一 二 千 王 玗 玗 玗 珔 珠 珠

稱 일컬을 칭
- **쓰임** | 稱訟(칭송) : 공덕을 칭찬하여 기림. 愛稱(애칭) : 친밀하게 부르도록 붙인 이름.
- **필순** | 一 二 千 千 禾 禾 禾 秆 秆 秆 秤 稱 稱 稱

夜 밤 야
- **쓰임** | 夜景(야경) : 밤의 경치. 夜學(야학) : 밤에 배우는 공부.
- **필순** | 丶 亠 广 疒 疒 夜 夜 夜

光 빛 광
- **쓰임** | 光明(광명) : 밝은 빛. 榮光(영광) : 빛나는 영예.
- **필순** | 丨 丨 丨 ㅛ 屮 光

8일 果珍李柰 (과진리내)

과일 중에는 오얏(자두)과 능금(사과)의 맛이 으뜸이다.

果 과실 과
- 쓰임 | 果實(과실) : 먹을 수 있는 나무 열매. 結果(결과) : 열매를 맺음.
- 필순 | 一 冂 曰 旦 早 甲 果 果

珍 보배 진
- 쓰임 | 珍味(진미) : 아주 좋은 맛. 珍羞(진수) : 진귀한 음식.
- 필순 | 一 二 T 王 珍 珍 珍 珍

李 오얏 리
- 쓰임 | 李下不整冠(이하부정관) : '오얏나무 밑에서는 갓을 고쳐 쓰지 마라.'는 뜻.
- 필순 | 一 十 ナ 木 杢 李 李

柰 능금 내
- 쓰임 | 柰園(내원) : 능금나무 동산.
- 필순 | 一 十 ナ 木 杢 杢 李 柰 柰

8일 菜重芥薑 (채중개강)

나물은 겨자와 생강이 제일 중요하다.

菜 나물 채

쓰임 | 菜食(채식) : 채소를 먹는 것. 野菜(야채) : 먹을 수 있는 초본 식물의 총칭.

필순 | 一 丷 ㅛ ㅛ ㅛ ㅛ ㅛ 芷 苹 苹 菜

重 무거울 중

쓰임 | 重態(중태) : 병이 위급한 상태. 輕重(경중) : 가볍고 무거움.

필순 | 一 二 千 千 千 千 重 重 重

芥 겨자 개

쓰임 | 芥子(개자) : 겨자씨.

필순 | 丶 丷 ㅛ ㅛ 汁 苁 苁 芥

薑 생강 강

쓰임 | 薑粉(강분) : 생강즙을 가라앉힌 앙금을 말린 가루.

필순 | 丶 丷 ㅛ ㅛ 苎 荢 荢 荢 萡 萡 薑 薑 薑 薑 薑 薑

9일 海鹹河淡 (해함하담)

바닷물은 짜고 민물은 맛이 없지만 맑다.

海 바다 해
- **쓰임**: 海洋(해양): 넓은 바다. 海流(해류): 일정한 방향으로 흐르는 바닷물.
- **필순**: 丶 亠 氵 氵 沪 汝 海 海 海 海

鹹 짤 함
- **쓰임**: 鹹水(함수): 짠물. 鹹苦(함고): 짜고 씀.
- **필순**: 丨 丨 厂 卢 卢 卤 卤 鹵 鹵 鹵 鹵 鹵 鹹 鹹 鹹

河 물 하
- **쓰임**: 河川(하천): 강과 내. 氷河(빙하): 얼어붙은 강.
- **필순**: 丶 亠 氵 氵 沪 沪 河 河

淡 맑을 담
- **쓰임**: 淡水(담수): 염분이 없는 물, 민물. 濃淡(농담): 짙음과 옅음.
- **필순**: 丶 亠 氵 氵 氵 沪 汋 汋 淡 淡 淡 淡

9일 鱗潛羽翔 (인잠우상)

비늘 있는 고기는 물속에 잠기고 날개가 있는 새는 공중을 난다.

鱗 비늘 린

쓰임 | 鱗甲(인갑) : 비늘과 껍데기. 片鱗(편린) : 사물의 극히 작은 일부분.

필순 | ノ ク ク 久 叴 刍 刍 魚 魚 魚 魞 魞 魶 鮮 鱗 鱗 鱗

潛 잠길 잠

쓰임 | 潛水(잠수) : 물속에 잠겨 들어감. 潛伏(잠복) : 몰래 숨어 있음.

필순 | ` ˋ ⺌ ⺍ 氵 汀 沅 浐 浐 浐 渉 漅 潛 潛 潛

羽 깃 우

쓰임 | 羽翼(우익) : 새의 날개. 羽扇(우선) : 새의 깃으로 만든 부채.

필순 | ㄱ 刁 刃 刃 羽 羽

翔 날 상

쓰임 | 翔空(상공) : 하늘을 날아다님. 飛翔(비상) : 날아다님.

필순 | ﾞ ⺌ ⺍ ⺮ ⺮ 羊 彔 翔 翔 翔 翔 翔

10일 龍師火帝 (용사화제)

고대 중국의 제왕에는 관직 명칭에 용을 붙인 용사(복희씨)와 관직 명칭에 불을 붙인 화제(신농씨)가 있었다.

龍 용 룡
- 쓰임 | 龍顔(용안) : 임금의 얼굴. 龍頭蛇尾(용두사미) : 용의 머리에 뱀의 꼬리.
- 필순 | 龍

師 스승 사
- 쓰임 | 師團(사단) : 군대 편성의 한 단위. 出師(출사) : 군대를 어떤 곳으로 내어 보냄.
- 필순 | 師

火 불 화
- 쓰임 | 火急(화급) : 대단히 급함. 防火(방화) : 불이 나는 것을 미리 막음.
- 필순 | 火

帝 임금 제
- 쓰임 | 帝王(제왕) : 황제 혹은 국왕을 총칭함. 大帝(대제) : '황제'의 존칭.
- 필순 | 帝

10일 鳥官人皇 (조관인황)

관직 명칭에 새를 붙인 조관(소호씨)과
문화를 처음 일으킨 인황이 있었다.

鳥 새 조

- **쓰임** | 鳥類(조류) : 새의 종류. 吉鳥(길조) : 유익한 새.
- **필순** | ´ ⼂ ⼻ ⼾ ⼾ 鸟 鳥 鳥 鳥 鳥 鳥

官 벼슬 관

- **쓰임** | 官公署(관공서) : 관청과 공공 기관. 官吏(관리) : 관직에 있는 사람.
- **필순** | ´ ⼂ ⼧ ⼧ ⼧ 宁 宁 官 官

人 사람 인

- **쓰임** | 人格(인격) : 사람의 됨됨이. 人權(인권) : 사람마다 가지고 있는 기본적인 권리.
- **필순** | ノ 人

皇 임금 황

- **쓰임** | 皇帝(황제) : 임금. 皇恩(황은) : 임금의 은혜.
- **필순** | ´ ⼂ ⼞ ⼞ 白 白 阜 阜 皇

11일 始制文字 (시제문자)

헌원씨는 창힐이라는 사람을 시켜
새 발자국을 보고 처음 글자를 만들도록 했다.

| 始 처음 시 | 쓰임 | 始終(시종) : 처음과 끝. 開始(개시) : 시작함. |
| | 필순 | ㄥ ㄠ ㄠ 女 刘 奺 始 始 |

| 制 지을 제 | 쓰임 | 制度(제도) : 제정된 법규. 사회생활을 하는 데 필요한 법칙. |
| | 필순 | ㅤ ㅤ ㅤ ㅤ ㅤ ㅤ 制 制 |

| 文 글월 문 | 쓰임 | 文盲(문맹) : 글을 읽지 못함. 文人(문인) : 문학에 종사하는 사람. |
| | 필순 | ㅤ ㅤ ㅤ 文 |

| 字 글자 자 | 쓰임 | 字解(자해) : 글자 풀이. 字數(자수) : 글자의 수. |
| | 필순 | ㅤ ㅤ ㅤ 字 字 字 |

11일 乃服衣裳 (내복의상)

이어서 황제(黃帝 : 헌원씨)가 사람들에게 옷을 입도록 하였다.
옷을 처음 만든 사람은 황제 때의 기백 또는 호조라고 한다.

乃 이에 내
- 쓰임 | 乃至(내지) : 얼마에서 얼마까지. 乃父(내부) : 그 아버지.
- 필순 | ノ 乃

服 옷 복
- 쓰임 | 衣服(의복) : 옷. 服裝(복장) : 옷차림.
- 필순 | ノ 刀 月 月 月' 胊 服 服

衣 옷 의
- 쓰임 | 衣類(의류) : 옷의 종류. 白衣(백의) : 흰옷. 벼슬이 없는 선비.
- 필순 | 丶 亠 ナ ナ 衣 衣

裳 치마 상
- 쓰임 | 衣裳(의상) : 저고리와 치마. 紅裳(홍상) : 여자가 입는 붉은 빛깔의 치마.
- 필순 | ' 丶 丷 ⺍ 芍 芍 尚 尚 常 常 堂 裳 裳

12일 推位讓國 (추위양국)

벼슬을 미루고 나라를 사양하니,
요임금이 자기 아들이 못난 것을 알고 나라를
아들이 아닌 순에게 넘겨주었다.

推 밀 추
쓰임 | 推理(추리) : 사리를 미루어 생각함. 推戴(추대) : 모셔 올려 받듦.
필순 | 一 亅 扌 扩 扩 扩 扩 拌 拌 推 推

位 자리 위
쓰임 | 位置(위치) : 사람이나 물건이 있는 곳. 地位(지위) : 개인의 사회적 위치.
필순 | ノ 亻 亻 亻 位 位 位

讓 사양 양
쓰임 | 讓步(양보) : 사양하여 남에게 미루어 줌. 讓位(양위) : 임금의 자리를 물려줌.
필순 | 一 二 三 言 言 言 訁 訁 諽 諽 諽 讓 讓 讓

國 나라 국
쓰임 | 國家(국가) : 나라. 愛國(애국) : 나라를 사랑함.
필순 | 丨 冂 冂 冂 冃 冃 國 國 國 國

12일 有虞陶唐 (유우도당)

그것은 유우(순임금)와 도당(요임금)이다.

有 있을 유
- **쓰임**: 有力(유력): 힘이 있음. 國有(국유): 국가의 소유.
- **필순**: ノ ナ オ 冇 有 有

虞 염려할 우
- **쓰임**: 虞犯(우범): 성격·환경으로 죄를 범할 우려가 있음. 艱虞(간우): 걱정과 근심.
- **필순**: ` ⸍ ⸜ 广 庁 庐 虍 虎 虚 虞 虞 虞

陶 질그릇 도
- **쓰임**: 陶工(도공): 옹기장이.
- **필순**: ⸍ ⸜ 阝 阝 阣 阣 阣 陶 陶 陶 陶

唐 당나라 당
- **쓰임**: 唐詩(당시): 당나라의 시. 唐書(당서): 당나라가 출판한 책.
- **필순**: ` ⸍ 广 庁 庐 庐 庚 唐 唐 唐

13일 弔民伐罪 (조민벌죄)

불쌍한 백성을 구출하여 위로해 주고
죄지은 임금을 벌하였다.

弔 조상할 조

- 쓰임 | 弔意(조의) : 남의 죽음을 슬퍼함. 慶弔(경조) : 경사스러운 일과 궂은 일.
- 필순 | ㄱ ㄱ 弓 弔

民 백성 민

- 쓰임 | 民生(민생) : 국민의 생활. 國民(국민) : 나라의 백성.
- 필순 | ㄱ ㄱ ㄲ 尸 民

伐 칠 벌

- 쓰임 | 伐木(벌목) : 나무를 벰. 征伐(정벌) : 죄 있는 무리를 군대로써 침.
- 필순 | ノ 亻 仁 代 伐 伐

罪 허물 죄

- 쓰임 | 罪人(죄인) : 죄를 지은 사람. 犯罪(범죄) : 죄를 범함.
- 필순 | 丶 冂 冂 罒 罒 罘 罪 罪 罪 罪 罪 罪

13일 周發殷湯 (주발은탕)

주발은 무왕의 이름이요, 은탕은 탕왕의 칭호이다.
무왕과 탕왕은 폭군을 거꾸러뜨리고 새로운 왕조를 열었다.

周 두루 주

- **쓰임**: 周圍(주위) : 둘레. 周邊(주변) : 언저리.
- **필순**: 丿 冂 冂 円 円 円 周 周

發 필 발

- **쓰임**: 發光(발광) : 빛을 냄. 摘發(적발) : 숨어 드러나지 않은 것을 들추어냄.
- **필순**: 乛 ㇇ 癶 癶 癶 癶 癶 發 發 發 發 發

殷 나라, 성할 은

- **쓰임**: 殷盛(은성) : 번화하고 성함. 殷殷(은은) : 소리가 또렷이 들리는 모양.
- **필순**: 丶 丨 ㇇ 戶 戶 身 身 殷 殷 殷

湯 끓일 탕

- **쓰임**: 湯藥(탕약) : 달여서 먹는 약. 熱湯(열탕) : 끓는 물.
- **필순**: 丶 氵 氵 氵 沪 沪 沪 涅 涅 湯 湯 湯

14일 坐朝問道 (좌조문도)

왕이 조정에 앉아서 노자의 도덕경에 관해 질문했다.

坐 앉을 좌
- 쓰임 | 坐禪(좌선) : 고요히 앉아서 불도를 깨달음.
- 필순 | ノ 人 ナ ルᆞ 水 坐 坐

朝 아침 조
- 쓰임 | 朝刊(조간) : 아침에 발행되는 신문. 朝夕(조석) : 아침과 저녁.
- 필순 | 一 十 ナ 古 古 古 直 卓 卓 朝 朝 朝

問 물을 문
- 쓰임 | 問答(문답) : 서로 묻고 대답함. 訪問(방문) : 남을 찾아감.
- 필순 | 丨 冂 冂 冋 門 門 門 門 問 問 問

道 길 도
- 쓰임 | 道德(도덕) : 사람이 지켜야 할 도리. 道路(도로) : 사람이나 차가 다니는 길.
- 필순 | ` 丷 丷 ⺍ 丷 丷 首 首 首 道 道 道

14일 垂拱平章 (수공평장)

옷을 드리우고 두 손을 맞잡고 있어도 나라가 공평하게 다스려진다.
덕이 있는 임금은 신하에게 물어 가며 신중히 일을 처리하므로
옷을 늘어뜨리고 두 손을 잡고 있어도 나라는 잘 다스려진다는 뜻.

垂 드리울 수

쓰임 | 垂直(수직) : 똑바로 드리움.　垂範(수범) : 착한 일로써 몸소 남의 모범이 됨.

필순 | 一 二 三 壬 壬 乒 乖 垂 垂

拱 두 손 맞잡을 공

쓰임 | 拱手(공수) : 왼손을 오른손 위에 마주 잡아서 공경하는 뜻을 나타내는 예.

필순 | 一 十 扌 扌 扗 拱 拱 拱 拱

平 평평할 평

쓰임 | 平均(평균) : 많고 적음이 없이 고름.　平時(평시) : 평화로운 때.

필순 | 一 ⼀ ⼆ ⼆ 平

章 글 장

쓰임 | 文章(문장) : 한 줄거리의 생각이나 느낌을 글자로 기록하여 나타낸 것.

필순 | ` 亠 亠 立 产 产 音 音 音 章 章

15일 愛育黎首 (애육려수)

주나라의 문왕은 검은 머리같이 많은 백성을 사랑하고 양육하였다. 문왕은 영대(천문대 혹은 전망대)를 세울 때 땅에서 사람의 뼈가 나오면 이것을 정중하게 장사 지내 주었다고 한다.

愛 사랑 애
- 쓰임 | 愛讀(애독) : 즐겨서 읽음. 博愛(박애) : 모든 사람을 평등하게 사랑함.
- 필순 | 爫 爫 爫 爫 爫 爫 愛 愛 愛 愛 愛 愛 愛

育 기를 육
- 쓰임 | 育成(육성) : 길러서 키움. 育英(육영) : 영재를 교육함.
- 필순 | 亠 亠 亠 亠 育 育 育 育

黎 검을 려
- 쓰임 | 黎明(여명) : 밝아 오는 새벽. 黎民(여민) : 백성.
- 필순 | 千 千 千 利 利 利 黎 黎 黎 黎 黎 黎

首 머리 수
- 쓰임 | 自首(자수) : 죄를 지은 사람이 스스로 당국에 그 죄를 신고함.
- 필순 | 丷 丷 丷 艹 艹 首 首 首

15일 臣伏戎羌 (신복융강)

은나라 탕왕이 폭군 걸왕을 타도하고
임금이 되자 오랑캐 융강도 항복하고 신하가 되었다.

臣 신하 신
- **쓰임** | 臣下(신하) : 임금을 섬기는 벼슬아치. 君臣(군신) : 임금과 신하.
- **필순** | 一 丆 丆 丏 臣 臣

伏 엎드릴 복
- **쓰임** | 降伏(항복) : 힘에 눌려서 적에게 굴복함. 屈伏(굴복) : 굽히어 복종함.
- **필순** | 丿 亻 仁 仕 伏 伏

戎 오랑캐 융
- **쓰임** | 戎服(융복) : 전쟁 때 입는 옷. 戎馬(융마) : 전쟁 때 쓰는 말.
- **필순** | 一 二 F 式 戎 戎

羌 오랑캐 강
- **쓰임** | 羌笛(강적) : 중국 서방의 이민족이 불던 피리.
- **필순** | 丶 丷 䒑 䒑 䒑 兰 羊 羌

16일 遐邇壹體 (하이일체)

먼 것도 가까운 것도 한 몸을 이룬다.

遐 멀 하

- 쓰임 | 昇遐(승하) : '먼 곳으로 오른다.'라는 뜻으로 임금의 죽음을 이름.
- 필순 | 丨 冂 冂 冃 冃 冄 冄 叚 叚 叚 `叚 遐 遐 遐

邇 가까울 이

- 쓰임 | 遐邇(하이) : 멀고 가까운.
- 필순 | 一 厂 厂 厂 爾 爾 爾 爾 爾 爾 邇 邇 邇

壹 한 일

- 쓰임 | 壹萬(일만) : 천의 열 곱절. 壹是(일시) : 모두.
- 필순 | 一 十 士 吉 吉 吉 吉 壱 壹 壹 壹

體 몸 체

- 쓰임 | 體格(체격) : 몸의 생김새. 體驗(체험) : 몸으로 경험함.
- 필순 | 丨 冂 冂 冂 冃 咼 咼 骨 骨 骨 骨 骨 骨豊 骨豊 體 體 體

16일 率賓歸王 (솔빈귀왕)

모두 이끌고 왕에게 돌아온다.

率 거느릴 솔

쓰임: 率先(솔선): 남보다 먼저 나섬. 統率(통솔): 온통 몰아서 거느림.

필순: ` 一 亠 玄 玄 玄 玄 玄 率 率 率`

賓 손님 빈

쓰임: 貴賓(귀빈): 귀한 손님. 來賓(내빈): 모임에 공식적으로 초대를 받고 온 손님.

필순: ` ′ 宀 宀 宀 宀 宀 宀 宾 宾 宾 賓 賓 賓`

歸 돌아올 귀

쓰임: 歸國(귀국): 외국에서 본국으로 돌아옴. 歸還(귀환): 외지나 전쟁터에서 돌아옴.

필순: ` ′ ″ ŕ ŕ 阝 阝 阜 阜 阜 歸 歸 歸 歸 歸 歸`

王 임금 왕

쓰임: 王命(왕명): 왕의 명령. 王家(왕가): 왕의 집안.

필순: `一 T 干 王`

17일 鳴鳳在樹 (명봉재수)

성현이 나타나면 봉황새가 운다는 말과 같이
덕망이 미치는 곳마다 나무에서 봉황새가 운다.

鳴 울 명
- **쓰임** | 春雉自鳴(춘치자명) : 봄철의 꿩이 저절로 운다. 즉, 묻지 않은 것을 스스로 말함.
- **필순** | 丶 口 口 口' 口' 吖 叻 咁 唣 鳴 鳴 鳴 鳴 鳴

鳳 봉황 봉
- **쓰임** | 鳳凰(봉황) : 신령스러운 상상의 새. 鳳輦(봉련) : 임금이 타는 수레.
- **필순** | 丿 几 凡 凡 凡 凨 凨 凨 鳳 鳳 鳳 鳳 鳳 鳳

在 있을 재
- **쓰임** | 在野(재야) : 벼슬하지 않고 민가에 파묻혀 있음. 所在(소재) : 있는 곳.
- **필순** | 一 ナ 才 才 存 在

樹 나무 수
- **쓰임** | 樹林(수림) : 나무가 우거진 숲. 樹木(수목) : 살아 있는 나무.
- **필순** | 一 十 才 才 术 栏 栏 栏 桔 桔 桔 桔 桔 樹 樹

17일 白駒食場 (백구식장)

흰 망아지는 마당에서 풀을 먹는다. 즉, 탁월한 인재는 백마를 타고 와서 왕에게 자신의 뜻을 아뢰고 망아지도 감화시켜 마당에서 풀을 먹게 한다는 뜻.

白 (흰 백)

쓰임 | 白眉(백미) : 여럿 중에서 가장 뛰어난 사람이나 물건을 이르는 말.

필순 | ′ ⺊ 白 白 白

駒 (망아지 구)

쓰임 | 千里駒(천리구) : 천리마, 혹은 자질이 또래에서 가장 뛰어난 사람을 말함.

필순 | 丨 冂 厂 厈 厈 馬 馬 馬 馬 馬 駒 駒 駒 駒

食 (밥 식)

쓰임 | 食後(식후) : 밥을 먹은 뒤. 食言(식언) : 약속한 대로 실행하지 않음.

필순 | ノ 人 𠆢 今 今 食 食 食

場 (마당 장)

쓰임 | 場所(장소) : 자리, 곳. 登場(등장) : 무대나 장면에 나옴.

필순 | 一 十 土 圫 圬 坦 坦 坦 場 場 場

18일 化被草木 (화피초목)

풀과 나무마저도 임금의 덕을 입었다.

化 될 화	쓰임	敎化(교화) : 가르쳐서 착한 사람이 되게 함.
	필순	ノ イ 亻 化

被 입을 피	쓰임	被擊(피격) : 습격을 받음. 被服(피복) : 옷.
	필순	丶 亠 ネ 衤 衤 衤 衩 衪 被 被

草 풀 초	쓰임	草木(초목) : 풀과 나무. 草食(초식) : 풀을 먹음.
	필순	丶 艹 艹 艹 苎 苎 苩 草 草

木 나무 목	쓰임	木工(목공) : 나무로 물건을 만드는 일. 木材(목재) : 나무로 된 재료.
	필순	一 十 オ 木

18일 賴及萬方 (뇌급만방)

모든 곳에 어진 덕을 고루 미치게 한다.

賴 힘입을 뢰
쓰임 | 信賴(신뢰) : 남을 믿고 의지함. 依賴(의뢰) : 남에게 부탁하거나 의지함.
필순 | 一 厂 厂 市 束 束 束 束' 剌 剌 剌 賴 賴 賴 賴

及 미칠 급
쓰임 | 及第(급제) : 시험에 합격함. 言及(언급) : 하는 말이 거기까지 미침.
필순 | ノ 丆 乃 及

萬 일만 만
쓰임 | 萬病(만병) : 온갖 병. 萬民(만민) : 모든 백성.
필순 | 一 艹 艹 艹 ゲ 芍 苩 芦 萬 萬 萬 萬

方 모 방
쓰임 | 處方(처방) : 병의 증세에 따라 약재를 배합하는 방법.
필순 | 丶 亠 方 方

19일 蓋此身髮 (개차신발)

대개 사람의 몸이나 그 몸에 난 털 하나라도
부모에게서 받지 않은 것이 없으니 항상 귀하게 생각해야 한다.

蓋 덮을 개	쓰임	蓋然(개연) : 확실하지 않으나 그럴 것같이 추측됨.
	필순	丶 丷 丷 艹 艹 艹 芢 芢 荙 荙 蓋 蓋

此 이 차	쓰임	此後(차후) : 이다음. 彼此(피차) : 저편과 이편.
	필순	丨 卜 上 止 止 此

身 몸 신	쓰임	身病(신병) : 몸에 생긴 병. 身體(신체) : 사람의 몸.
	필순	丿 丨 ㄇ 月 月 身 身

髮 터럭 발	쓰임	理髮(이발) : 머리를 깎음. 毛髮(모발) : 사람의 머리털.
	필순	一 T F F 토 镸 镸 镸 镸 髟 髮 髮 髮

19일 四大五常 (사대오상)

네 가지 큰 것과 다섯 가지 떳떳한 것이 있다.
즉, 사대는 사람을 이루고 있는 기운으로 **地水火風**(지수화풍)을,
오상은 임금이 지켜야 할 도리인 **仁義禮智信**(인의예지신)을 말한다.

四 (넉 사)
- **쓰임**: 四海(사해) : 사방의 바다. 四分五裂(사분오열) : 여러 갈래로 갈기갈기 찢어짐.
- **필순**: 丨 冂 冂 兀 四

大 (큰 대)
- **쓰임**: 大小(대소) : 크고 작음. 大望(대망) : 큰 희망.
- **필순**: 一 ナ 大

五 (다섯 오)
- **쓰임**: 五里霧中(오리무중) : 안개 속같이 무슨 일에 대하여 갈피를 잡을 수 없음.
- **필순**: 一 丅 无 五

常 (항상 상)
- **쓰임**: 常識(상식) : 보통 사람이 알아야 할 지식. 常綠樹(상록수) : 사철 내내 잎이 푸른 나무.
- **필순**: 丨 丷 丷 坐 严 严 常 常 常 常

20일 恭惟鞠養 (공유국양)

부모가 자신을 길러 준 사실을 공손하게 생각한다.

恭 공손할 공

쓰임 | 恭遜(공손) : 공경하고 겸손함. 不恭(불공) : 공손하지 못함.

필순 | 一 十 丿 兀 共 共 恭 恭 恭 恭

惟 생각할, 오직 유

쓰임 | 思惟(사유) : 생각함. 惟獨(유독) : 오직 홀로.

필순 | ` ´ 忄 忄 忄 忄 忄 忄 惟 惟 惟

鞠 기를 국

쓰임 | 鞠養(국양) : 양육함. 拿鞠(나국) : 나라에서 죄인을 잡아다가 국문함.

필순 | 一 十 艹 艹 苎 苎 革 革 靪 靪 靪 鞠 鞠

養 기를 양

쓰임 | 養老(양로) : 노인을 봉양함. 養成(양성) : 가르쳐서 길러 냄.

필순 | ` ´ 丷 丷 쓰 쓰 ¥ ¥ 羊 养 养 養 養 養

20일 豈敢毀傷 (기감훼상)

부모님께서 낳아 길러 주신
이 몸을 어찌 감히 상하게 할 수 있으랴.

豈 어찌 기	쓰임	豈敢(기감) : 어찌 감히.
	필순	ヽ 丷 山 屮 屮 岂 岂 岂 岂 豈

敢 감히 감	쓰임	不敢(불감) : 감히 하지 못함.　敢行(감행) : 어려움을 무릅쓰고 과감하게 행함.
	필순	一 ア エ 干 干 干 丢 耳 耳 耳 耳 敢

毀 헐 훼	쓰임	毀謗(훼방) : 남을 헐뜯어 비방함.　毀損(훼손) : 체면이나 명예를 손상함.
	필순	′ ⺈ ⺈ 臼 臼 臼 臼 臼 毁 毁 毀

傷 상할 상	쓰임	傷心(상심) : 마음을 상함.　負傷(부상) : 몸에 상처를 입음.
	필순	ノ 亻 亻 亻 仁 仁 仨 倬 伤 傷 傷

21일 女慕貞烈 (여모정렬)

여자는 정조를 굳게 지키고 행실을 단정히 해야 한다.

女 계집 녀
- **쓰임**: 女史(여사) : 결혼한 여자를 높여 이르는 말. 長女(장녀) : 맏딸.
- **필순**: 人 女 女

慕 사모할 모
- **쓰임**: 思慕(사모) : 생각하고 그리워함. 追慕(추모) : 죽은 사람을 그리워함.
- **필순**: 慕

貞 곧을 정
- **쓰임**: 貞潔(정결) : 정조가 곧고 행실이 깨끗함.
- **필순**: 貞

烈 매울 렬
- **쓰임**: 烈士(열사) : 조국과 민족을 위하여 충성을 다하며 장렬하게 싸운 사람.
- **필순**: 烈

21일 男效才良 (남효재량)

남자는 재능을 닦고 어진 것을 본받아야 한다.

| 男 사내 남 | 쓰임 | 男便(남편) : 아내의 배우자. 得男(득남) : 아들을 낳음. |
| | 필순 | 丶 冂 叨 四 田 男 男 |

| 效 본받을 효 | 쓰임 | 效果(효과) : 보람으로 나타나는 좋은 결과. 效用(효용) : 보람 있는 소용. |
| | 필순 | 丶 亠 亠 六 亥 交 交 娇 效 效 |

| 才 재주 재 | 쓰임 | 才能(재능) : 재주와 능력. 天才(천재) : 아주 뛰어난 재주. |
| | 필순 | 一 十 才 |

| 良 어질 량 | 쓰임 | 良識(양식) : 건전한 판단력. 善良(선량) : 착하고 어짊. |
| | 필순 | 丶 ㄱ ㄱ ㅋ 皀 良 良 |

22일 知過必改 (지과필개)

허물인 것을 알면 반드시 고쳐야 한다.

| 知 알 지 | 쓰임 | 知覺(지각) : 깨달음. 諒知(양지) : 살피어 앎. |
| | 필순 | ノ 一 ㄷ 夫 夫 矢 矢 知 知 |

| 過 허물, 지날 과 | 쓰임 | 過誤(과오) : 잘못. 過程(과정) : 사물의 진행과 발전의 경로. |
| | 필순 | 丨 冂 冂 冂 冂 咼 咼 咼 咼 渦 渦 渦 過 |

| 必 반드시 필 | 쓰임 | 必死(필사) : 반드시 죽음. 必勝(필승) : 반드시 이김. |
| | 필순 | 丶 ノ 必 必 必 |

| 改 고칠 개 | 쓰임 | 改善(개선) : 잘못을 고쳐 좋게 함. 改革(개혁) : 새롭게 뜯어고침. |
| | 필순 | フ ㄱ 己 己 改 改 改 |

22일 得能莫忘 (득능막망)

사람이 알아야 할 것을 배우면 잊지 말아야 한다.

得 얻을 득	쓰임	得勢(득세) : 세력을 얻음. 利得(이득) : 이익을 얻음.
	필순	′ ⁄ ⼻ ⼻ ⾏ ⾏ ⾏ ⾏ 得 得 得

能 능할 능	쓰임	能力(능력) : 어떤 일을 할 수 있는 힘. 效能(효능) : 효험을 나타내는 성능.
	필순	′ ⼂ ⼛ ⼃ ⾃ ⾃ ⾃ 能 能 能

莫 없을 막	쓰임	莫强(막강) : 매우 강함. 莫重(막중) : 아주 중요함.
	필순	′ ⼂ ⼃ ⾋ ⾋ 苗 苗 苗 莫 莫

忘 잊을 망	쓰임	忘却(망각) : 잊어버림. 健忘(건망) : 듣거나 본 것을 잘 잊어버림.
	필순	′ ⼂ ⼃ ⼇ 忘 忘 忘

53

23일 罔談彼短 (망담피단)

남의 단점을 말하지 마라.

| 罔
없을 망 | 쓰임 \| 罔極(망극) : 어버이의 은혜가 그지없음.
필순 \| 丨 冂 冂 冈 罔 罔 罔 罔 |

| 談
말씀 담 | 쓰임 \| 談笑(담소) : 웃고 즐기면서 이야기함. 面談(면담) : 서로 만나서 이야기함.
필순 \| 一 二 三 言 言 言 言 訁 訃 訡 談 談 談 談 |

| 彼
저 피 | 쓰임 \| 彼我(피아) : 남과 나. 彼此(피차) : 저것과 이것.
필순 \| 丿 彳 彳 扩 犷 彶 彼 彼 |

| 短
짧을 단 | 쓰임 \| 短期(단기) : 짧은 기간. 長短(장단) : 길고 짧음.
필순 \| 丿 匕 匕 午 矢 矢 矢 知 知 短 短 短 |

23일 靡恃己長 (미시기장)

자신의 장점을 믿지 마라.

靡 아닐 미
- **쓰임**: 風靡(풍미) : 어떤 사조나 사회적 현상 등이 널리 사회를 휩쓺.
- **필순**: 丶 亠 广 广 广 庐 庐 廊 麻 麻 麻 靡 靡

恃 믿을 시
- **쓰임**: 恃賴(시뢰) : 믿고 의지함.
- **필순**: 丶 ㅣ 忄 忄 忄 忙 恃 恃 恃

己 몸 기
- **쓰임**: 知己(지기) : 자기의 마음속을 알뜰하게 알아줌.
- **필순**: 𠃊 𠃌 己

長 긴 장
- **쓰임**: 長久(장구) : 길고 오램. 長成(장성) : 자라남.
- **필순**: ㅣ ㄷ ㅌ 乍 乍 튼 長 長

24일 信使可覆 (신사가복)

믿음은 움직일 수 없는 진리이니, 이를 알면 마땅히 되풀이하여 행하라.

信 믿을 신
- **쓰임**: 信念(신념): 굳게 믿는 마음. 書信(서신): 편지.
- **필순**: ノ 亻 亻 仁 仁 信 信 信 信

使 하여금 사
- **쓰임**: 使用(사용): 물건을 씀. 特使(특사): 특별한 임무를 띠고 파견되는 사절.
- **필순**: ノ 亻 亻 仁 仁 丨 伊 使 使

可 옳을 가
- **쓰임**: 可能(가능): 할 수 있음. 可望(가망): 될 만한 희망.
- **필순**: 一 丅 叮 叮 可

覆 되풀이할 복
- **쓰임**: 覆考(복고): 이리저리 뒤집어 가며 거듭 생각함.
- **필순**: 一 亠 冖 襾 襾 覀 覀 严 严 严 严 覆 覆 覆 覆 覆

24일 器欲難量 (기욕난량)

사람의 기량은 깊고 깊어서 헤아리기가 어렵다.

器 그릇 기	쓰임 | 器量(기량) : 사람의 재능과 도량. 大器(대기) : 큰 그릇.
	필순 | 丶 丿 ㅁ ㅁ口 吅 吅 吅 뜨 罒 哭 哭 哭 器 器 器

欲 하고자 할 욕	쓰임 | 欲望(욕망) : 무엇을 하고자 하거나 가지고자 함. 寡欲(과욕) : 물욕이 적음.
	필순 | 丿 𠂉 夕 父 谷 谷 谷 欲 欲 欲

難 어려울 난	쓰임 | 難民(난민) : 전쟁이나 재난을 피하여 떠돌아다니며 고생하는 사람.
	필순 | 一 十 卄 廿 世 廿 呈 莫 莫 莫 莫 難 難 難 難

量 헤아릴 량	쓰임 | 計量(계량) : 분량을 잼. 雅量(아량) : 깊고 너그러운 마음씨.
	필순 | 丨 冂 日 日 旦 昱 昜 昌 量 量 量

25일 墨悲絲染 (묵비사염)

묵자는 흰 실에 검은 물이 드는 것을 슬퍼했다.
즉, 덕이 아무리 뛰어난 사람도 더럽고 속된 사람들과
어울리면 그들과 같아진다는 뜻.

墨 먹 묵

- **쓰임**: 墨客(묵객) : 글씨를 쓰거나 그림을 그리는 사람. 墨畫(묵화) : 먹으로 그린 그림.
- **필순**: 丶 口 回 曰 甲 里 罒 黒 黒 黒 黒 墨 墨

悲 슬플 비

- **쓰임**: 悲觀(비관) : 인생을 어둡게 보아 슬퍼함. 悲劇(비극) : 비참한 사건.
- **필순**: 丨 刂 刂 刂 丬 非 非 非 非 悲 悲 悲

絲 실 사

- **쓰임**: 製絲(제사) : 솜이나 고치 따위로 실을 만듦.
- **필순**: 乀 幺 幺 幺 糸 糸 糺 紌 紌 絒 絲 絲

染 물들일 염

- **쓰임**: 染色(염색) : 물을 들임. 感染(감염) : 병원체가 몸에 옮음.
- **필순**: 丶 冫 氵 氵 沈 泆 染 染 染

25일 詩讚羔羊 (시찬고양)

『시경』고양 편은 문왕의 덕이 널리 퍼진 것을 찬양한 것이다.

詩 시 시
쓰임 | 詩歌(시가) : 시와 노래. 短詩(단시) : 짧은 시.
필순 | 획순 생략

讚 기릴 찬
쓰임 | 讚美(찬미) : 아름다운 것을 칭송함. 讚揚(찬양) : 칭찬하여 나타나게 함.
필순 | 획순 생략

羔 새끼양 고
쓰임 | 羔羊(고양) : 어린 양과 큰 양.
필순 | 획순 생략

羊 양 양
쓰임 | 羊毛(양모) : 양의 털. 山羊(산양) : 염소.
필순 | 획순 생략

26일 景行維賢 (경행유현)

행실을 훌륭하게 하고 당당하게 하면 어진 사람이 된다.

景 경치 경
- 쓰임 | 景致(경치) : 자연의 아름다운 모습. 光景(광경) : 어떤 장면의 모습.
- 필순 | 丶 冂 日 日 甲 昱 昱 昙 昻 景 景 景

行 다닐 행
- 쓰임 | 行爲(행위) : 행하는 것. 行樂(행락) : 즐겁게 지냄.
- 필순 | 丿 彳 彳 彳 行 行

維 이을 유
- 쓰임 | 維持(유지) : 지탱하여 나감. 維歲次(유세차) : 제문의 첫머리에 쓰는 말.
- 필순 | 幺 幺 糸 糸 糸 糸 維 維 維 維 維 維 維

賢 어질 현
- 쓰임 | 賢人(현인) : 어진 사람. 賢明(현명) : 어질고 영리하여 사리에 밝음.
- 필순 | 丨 丨 丨 丨 丨 丨 臣 臣 臤 臤 賢 賢 賢 賢 賢

26일 克念作聖 (극념작성)

성인의 언행을 잘 생각하여 수양을 쌓으면
자연히 성인이 된다.

克 이길 극

쓰임 | 下克上(하극상) : 계급이나 신분이 낮은 사람이 윗사람을 꺾고 오름.

필순 | 一 十 十 古 古 声 克 克 克

念 생각 념

쓰임 | 念慮(염려) : 마음을 놓지 못함. 念願(염원) : 마음속으로 생각하고 바람.

필순 | ノ 人 ㅅ 今 今 今 念 念 念

作 지을 작

쓰임 | 作用(작용) : 일정한 현상이나 행동을 일으킴. 作心(작심) : 마음을 단단히 먹음.

필순 | ノ イ ｲ 伫 竹 作 作

聖 성인 성

쓰임 | 聖恩(성은) : 임금이 베푸는 은혜. 聖職(성직) : 거룩한 직분.

필순 | 一 ｢ ｢ ｢ 耳 目 耶 取 取 聖 聖 聖

27일 德建名立 (덕건명립)

항상 덕으로써 세상의 모든 일을 행하면
그 덕행이 하루하루 쌓여 자연히 이름도 서게 된다.

德 큰 덕
- **쓰임**: 德望(덕망) : 덕행으로 얻는 명망. 美德(미덕) : 아름다운 덕.
- **필순**: 丿 彳 彳 彳 彳 彳 徝 徝 徳 徳 德 德 德

建 세울 건
- **쓰임**: 建國(건국) : 나라를 세움. 建設(건설) : 건물을 짓거나 시설들을 이룩함.
- **필순**: 彐 彐 彐 彐 聿 聿 建 建

名 이름 명
- **쓰임**: 名曲(명곡) : 뛰어나게 잘된 악곡. 命名(명명) : 이름을 지어 줌.
- **필순**: 丿 夕 夕 夕 名 名

立 설 립
- **쓰임**: 立地(입지) : 영토를 세우고 얻음. 獨立(독립) : 남의 힘을 입지 않고 홀로 섬.
- **필순**: 丶 亠 ㇒ 立 立

27일 形端表正 (형단표정)

생긴 모습이 단정하고 깨끗하면 그 마음가짐도 바르며 또 그 바른 마음이 밖으로 나타난다.

形 얼굴 형
- 쓰임 | 形象(형상) : 생긴 모양. 形式(형식) : 겉모습.
- 필순 | 一 二 テ 开 开 形 形

端 끝 단
- 쓰임 | 端緒(단서) : 일의 처음. 極端(극단) : 맨 끄트머리.
- 필순 | ' 亠 十 亠 立 立' 圹 圹 芷 埨 岩 端 端 端

表 겉 표
- 쓰임 | 表決(표결) : 회의를 할 때 가부 의사를 표시하여 결정함. 表面(표면) : 바깥 면.
- 필순 | 一 二 キ 主 生 耒 耒 表

正 바를 정
- 쓰임 | 正月(정월) : 1년 중 첫째 달. 正義(정의) : 올바른 도리.
- 필순 | 一 丁 下 正 正

28일 空谷傳聲 (공곡전성)

빈 골짜기에 소리가 울려 퍼진다.
즉, 성현의 말 한마디는 빈 골짜기에 소리가 울려 퍼지듯
온 세상에 퍼져 나가 사람들을 감동시킨다는 뜻.

空 빌 공
- **쓰임**: 空間(공간) : 아무것도 없이 비어 있는 칸. 空日(공일) : 일을 하지 않고 쉬는 날.
- **필순**: 丶 丶 宀 宀 穴 宊 空 空

谷 골짜기 곡
- **쓰임**: 溪谷(계곡) : 두 산 사이에 물이 흐르는 골짜기.
- **필순**: 丶 丶 グ 父 父 谷 谷

傳 전할 전
- **쓰임**: 傳達(전달) : 전하여 이르게 함. 傳來(전래) : 전하여 옴.
- **필순**: 丿 亻 亻 亻 伂 伃 伸 伸 俥 傳 傳 傳

聲 소리 성
- **쓰임**: 聲明(성명) : 공언하여 의사를 분명히 밝힘. 名聲(명성) : 세상에 떨친 이름.
- **필순**: 一 十 土 去 吉 吉 声 声 殸 殸 殸 聲 聲 聲

28일 虛堂習聽 (허당습청)

빈방에서 소리를 내면 울리어 다 들린다.
즉, 착한 말을 하면 천 리까지 미친다는 뜻.

虛 빌 허	쓰임	虛勢(허세) : 실상이 없는 기세. 虛實(허실) : 거짓과 참.
	필순	⼀ ⼀ ⼀ 广 广 庐 虍 虍 虗 虚 虚 虛

堂 집 당	쓰임	堂叔(당숙) : 오촌 아저씨. 堂上(당상) : 대청 위.
	필순	⼀ ⼀ ⺌ ⺌ ⺍ ⺍ 尚 尚 堂 堂 堂

習 익힐 습	쓰임	習慣(습관) : 버릇. 習得(습득) : 배워 터득함.
	필순	⼀ ⼄ ⺕ ⺕ 羽 羽 羽 習 習 習 習

聽 들을 청	쓰임	盜聽(도청) : 몰래 엿들음. 聽覺(청각) : 소리를 듣는 감각.
	필순	⼀ ⼁ F E 耳 耳 耳 耳 耵 耵 聍 聍 聽 聽 聽 聽

29일 禍因惡積 (화인악적)

화는 악을 쌓음으로 인한 것이니 재앙을
받는 이는 평일에 악을 쌓았기 때문이다.

禍 재앙 화
쓰임 | 禍根(화근) : 화가 되는 근본. 殃禍(앙화) : 지은 죄의 앙갚음으로 받는 재앙.
필순 | 一 ニ 亍 示 示 礻 和 祀 祀 祀 禍 禍 禍 (示=礻)

因 인할 인
쓰임 | 因果(인과) : 원인과 결과. 原因(원인) : 어떤 일의 근본이 되는 까닭.
필순 | 丨 冂 日 冈 因 因

惡 악할 악
쓰임 | 惡評(악평) : 나쁘게 평함. 善惡(선악) : 선과 악.
필순 | 一 ニ 于 亞 亞 亞 亞 亞 惡 惡 惡

積 쌓을 적
쓰임 | 積立(적립) : 모아서 쌓아 둠. 山積(산적) : 산더미같이 쌓임.
필순 | 一 ニ 千 千 禾 禾 和 秆 秸 秸 積 積 積 積

29일 福緣善慶 (복연선경)

복은 착한 일에서 오는 것이니 착한 일을 하면 경사가 온다.

福 복 복

- 쓰임 | 福利(복리): 행복과 이익. 多福(다복): 복이 많음.
- 필순 | 一 亍 ネ ネ ネ ネ 𥘅 𥘆 𥘇 福 福 福 (示=礻)

緣 인연 연

- 쓰임 | 緣故(연고): 까닭.
- 필순 | ㄥ 幺 幺 幺 糸 糸 糸 紀 絽 絽 絽 緣 緣

善 착할 선

- 쓰임 | 善用(선용): 알맞게 잘 씀. 善導(선도): 올바른 길로 인도함.
- 필순 | ㆍ ㆍ ㆍ ㅡ ㅡ 羊 羊 羊 善 善 善 善

慶 경사 경

- 쓰임 | 慶弔(경조): 경사와 흉사. 慶事(경사): 축하할 만한 기쁜 일.
- 필순 | ㆍ 一 广 广 广 庐 庐 庐 庐 庐 廑 廑 慶

30일 尺璧非寶 (척벽비보)

한 자 되는 구슬이라 해도 결코 보배라고 할 수 없다.

尺 자 척
- 쓰임 | 尺度(척도) : 계량이나 평가의 기준. 咫尺(지척) : 아주 가까운 거리.
- 필순 | ㄱ ㄱ ㄹ 尺

璧 구슬 벽
- 쓰임 | 完璧(완벽) : 흠이 없는 구슬. 雙璧(쌍벽) : 두 개의 구슬.
- 필순 | 璧

非 아닐 비
- 쓰임 | 非凡(비범) : 보통이 아님. 非違(비위) : 법에 어긋남.
- 필순 | 丿 丿 извест ㅋ 非 非 非

寶 보배 보
- 쓰임 | 寶劍(보검) : 보배로운 검. 國寶(국보) : 국가의 보배로 지정한 물건.
- 필순 | 寶

30일 寸陰是競 (촌음시경)

한 치의 짧은 시간이라도 다투어야 마땅하다.

寸 마디 촌

쓰임 | 寸劇(촌극) : 아주 짧은 연극. 寸刻(촌각) : 매우 짧은 시각.

필순 | 一 十 寸

陰 세월, 그늘 음

쓰임 | 陰散(음산) : 날씨가 흐리고 으스스함. 陰性(음성) : 밖으로 드러나지 않는 성질.

필순 | ' ⻖ ⻖ ⻖ 陉 陉 陉 陰 陰 陰

是 옳을 시

쓰임 | 是非(시비) : 옳음과 그름. 是認(시인) : 옳다고 인정함.

필순 | 丨 冂 日 旦 무 무 是 是

競 다툴 경

쓰임 | 競爭(경쟁) : 서로 겨루어 다툼. 競技(경기) : 기술의 낫고 못함을 서로 겨룸.

필순 | ' 亠 立 立 产 产 音 音 竟 竟 竞 竞 競 競 競

31일 資父事君 (자부사군)

아비를 섬기는 마음으로 임금을 섬겨야 한다.

資 (재물 자)
- 쓰임: 資格(자격): 신분과 지위. 資本(자본): 영업의 기본이 되는 돈이나 물자.
- 필순: 一 丶 冫 次 次 次 咨 咨 咨 資 資

父 (아비 부)
- 쓰임: 父系(부계): 아버지의 계통. 父親(부친): 아버지.
- 필순: 丶 ㇀ ノ 父

事 (일 사)
- 쓰임: 事理(사리): 사물의 이치. 每事(매사): 하나하나의 모든 일.
- 필순: 一 丆 亓 百 亘 写 写 事

君 (임금 군)
- 쓰임: 君子(군자): 덕행이 높은 사람. 夫君(부군): 남의 남편을 높여 이르는 말.
- 필순: フ ㄱ ヨ 尹 尹 君 君

31일 曰嚴與敬 (왈엄여경)

임금을 대하는 데는 엄숙함과 공경함이 있어야 한다.

曰 가로 왈
- 쓰임 | 曰可曰否(왈가왈부) : 어떤 일에 좋거니 좋지 않거니 하고 말함.
- 필순 | ㅣ 冂 曱 曰

嚴 엄할 엄
- 쓰임 | 嚴正(엄정) : 엄격하고 바름. 嚴命(엄명) : 엄하게 명령함.
- 필순 | ` ´ 口 吅 吅 吅 严 严 严 严 严 严 巖 巖 巖 嚴

與 더불어 여
- 쓰임 | 與否(여부) : 그러함과 그렇지 아니함. 授與(수여) : 증서나 상품을 내리어 줌.
- 필순 | ´ ´ ʹ ʹ ʹ ʹ 臼 臼 臼 臼 臼 與 與 與

敬 공경할 경
- 쓰임 | 敬意(경의) : 공경하는 마음. 敬虔(경건) : 공경하는 마음으로 깊이 삼가고 조심함.
- 필순 | ` ´ ⺈ ⺊ 艹 艿 苟 苟 苟 敬 敬 敬

32일 孝當竭力 (효당갈력)

부모를 섬기는 데는 마땅히 힘을 다하여야 한다.

| 孝 효도 효 | 쓰임 | 孝道(효도) : 부모를 잘 섬기는 도리. 孝子(효자) : 부모를 잘 섬기는 아들. |
| | 필순 | 一 十 土 耂 耂 考 孝 |

| 當 마땅할 당 | 쓰임 | 當然(당연) : 도리상 그렇게 되어야 할 일. 該當(해당) : 무엇에 관계되는 바로 그것. |
| | 필순 | 丨 丨 丷 ⺌ ⺌ 屵 尚 尚 営 當 當 當 |

| 竭 다할 갈 | 쓰임 | 竭力(갈력) : 있는 힘을 다함. |
| | 필순 | 丶 丶 亠 ㄎ 立 竝 竡 竭 竭 竭 竭 竭 |

| 力 힘 력 | 쓰임 | 學力(학력) : 학문상의 실력. 國力(국력) : 나라의 힘. |
| | 필순 | 丿 力 |

32일 忠則盡命 (충즉진명)

임금을 섬기는 데 있어서는 목숨도 아끼지 않을 각오가 되어 있어야 한다.

| 忠 충성 충 | 쓰임 | 忠僕(충복) : 충직한 종. 忠臣(충신) : 충성스러운 신하. |
| | 필순 | 丶 口 口 中 中 忠 忠 忠 |

| 則 곧 즉/법칙 칙 | 쓰임 | 規則(규칙) : 사람의 행위나 사무 처리의 표준이 되는 지침. |
| | 필순 | 丨 冂 冂 冃 目 目 貝 則 則 |

| 盡 다할 진 | 쓰임 | 盡力(진력) : 힘 닿는 데까지 다함. 賣盡(매진) : 모조리 팔림. |
| | 필순 | フ ヨ ヨ 聿 聿 聿 肀 肀 盡 盡 盡 盡 盡 |

| 命 목숨 명 | 쓰임 | 命中(명중) : 겨냥한 곳에 바로 맞음. 生命(생명) : 목숨. |
| | 필순 | ノ 人 𠆢 合 合 合 命 命 |

33일 臨深履薄 (임심리박)

깊은 곳에 임하듯 하며 얇은 데를 밟듯이
세심하게 부모와 임금을 섬겨야 한다.

臨 임할 림

쓰임 | 臨終(임종) : 죽게 된 때에 다다름. 君臨(군림) : 임금으로서 나라를 거느리어 다스림.

필순 | 臨 臨 臨 ...

深 깊을 심

쓰임 | 深夜(심야) : 한밤중. 深奧(심오) : 이론이나 견해가 깊고 오묘함.

필순 | 深 深 深 ...

履 밟을 리

쓰임 | 履行(이행) : 약속이나 계약 등을 실행함. 木履(목리) : 나막신.

필순 | 履 履 履 ...

薄 얇을 박

쓰임 | 薄俸(박봉) : 적은 봉급. 輕薄(경박) : 언행이 경솔하고 천박함.

필순 | 薄 薄 薄 ...

33일 夙興溫凊 (숙흥온정)

아침에는 부모님보다 일찍 일어나고, 추운 겨울에는 방을 따뜻하게, 더운 여름에는 서늘하게 해 드려야 한다.

夙 이를 숙
- **쓰임** | 夙成(숙성) : 나이에 비하여 키가 크거나 일찍 지각이 듦.
- **필순** | ノ 几 凡 凡 夙 夙

興 흥할 흥
- **쓰임** | 興味(흥미) : 마음이 끌릴 정도로 좋은 멋이나 취미. 興亡(흥망) : 일어남과 망함.
- **필순** | ′ ″ ″ ″ ″ 日 日 日 日 田 田 田 田 興 興

溫 따뜻할 온
- **쓰임** | 溫度(온도) : 덥고 찬 정도. 體溫(체온) : 사람이나 동물의 몸의 온도.
- **필순** | 丶 丶 氵 氵 沪 沪 泗 泗 泗 泗 溫 溫 溫

凊 서늘할 정
- **쓰임** | 冬溫夏凊(동온하정) : 겨울에는 따뜻하게, 여름에는 시원하게 함.
- **필순** | 丶 冫 冫 冫 冫 清 清 清 清 清

34일 似蘭斯馨 (사란사형)

군자가 훌륭한 이름을 후세에 남기는 것은
난초가 향기를 멀리 퍼뜨리는 것과 같다.

似 닮을 사
- 쓰임: 似而非(사이비): 비슷해 보이나 실제로는 다름. 類似(유사): 서로 비슷함.
- 필순: ノ 亻 亻 仏 似 似

蘭 난초 란
- 쓰임: 蘭交(난교): 뜻이 맞아 서로 친밀한 사람들의 사귐.
- 필순: ` ⺊ ⺊⺊ ⺊⺊ ⺊⺊ 艹 艹 芦 芦 門 門 閂 閨 蘭 蘭 蘭

斯 이 사
- 쓰임: 斯界(사계): 이 분야. 斯文(사문): 유교의 도의 또는 문화.
- 필순: 一 十 十 廿 甘 甘 其 其 其 斯 斯 斯

馨 향기로울 형
- 쓰임: 馨香(형향): 향기로운 냄새.
- 필순: 十 圥 圥 圥 吉 吉 声 声 殸 殸 殸 馨 馨 馨 馨

34일 如松之盛 (여송지성)

소나무같이 푸르러 성하다. 즉, 절개를 말한다.

如 같을 여
- **쓰임** | 如意(여의) : 일이 뜻대로 됨. 缺如(결여) : 응당 있어야 할 것이 부족하거나 없음.
- **필순** | ㄑ ㄠ 女 如 如 如

松 소나무 송
- **쓰임** | 松林(송림) : 소나무 숲. 松柏(송백) : 소나무와 잣나무.
- **필순** | 一 十 才 木 木 朳 松 松

之 갈 지
- **쓰임** | 人之常情(인지상정) : 사람이 누구나 가지는 보통의 인정.
- **필순** | ` 亠 之 之

盛 성할 성
- **쓰임** | 盛衰(성쇠) : 성하는 것과 쇠하는 것. 旺盛(왕성) : 한창 성함.
- **필순** | ノ 厂 厂 成 成 成 成 盛 盛 盛 盛

35일 川流不息 (천류불식)

냇물이 밤낮을 쉬지 않고 흐른다.
즉, 군자는 항상 자기 수양을 계속한다는 뜻.

川 내 천
- **쓰임**: 川獵(천렵) : 냇물에서 하는 고기잡이. 山川(산천) : 산과 내.
- **필순**: ノ 丿 川

流 흐를 류
- **쓰임**: 流動(유동) : 흘러 움직임. 風流(풍류) : 풍치 있고 멋스러운 일.
- **필순**: 丶 丶 氵 汁 汁 汁 浐 浐 流 流

不 아니 불/부
- **쓰임**: 不當(부당) : 사리에 맞지 아니함. 不夜城(불야성) : 밤에도 낮처럼 밝은 곳.
- **필순**: 一 丆 不 不

息 쉴 식
- **쓰임**: 棲息(서식) : 동물이 깃들여 삶. 窒息(질식) : 숨이 막힘.
- **필순**: ノ 亻 冂 自 自 自 息 息 息

35일 淵澄取映 (연징취영)

못이 맑아서 그림자가 비친다.
즉, 군자는 사물의 옳고 그름을 분명하게 알아본다는 뜻.

淵 못 연
- 쓰임 | 淵源(연원) : 사물의 근본. 深淵(심연) : 깊은 연못.
- 필순 | 丶 丶 氵 氵 汀 汈 沪 沪 渊 渊 淵 淵

澄 맑을 징
- 쓰임 | 澄明(징명) : 맑고 똑똑함. 淸澄(청징) : 맑고 깨끗함.
- 필순 | 丶 丶 氵 氵 汀 沪 沪 沪 潞 潞 澄 澄 澄 澄 澄

取 취할 취
- 쓰임 | 取得(취득) : 자기 소유로 만들거나 수중에 넣음. 爭取(쟁취) : 싸워서 빼앗아 가짐.
- 필순 | 一 T F F E 耳 取 取

映 비칠 영
- 쓰임 | 反映(반영) : 반사되어 되비침. 放映(방영) : 텔레비전으로 방송함.
- 필순 | 丨 冂 日 日 旷 旷 旷 映 映

36일 容止若思 (용지약사)

모든 동작은 사물을 생각하듯이 신중해야 한다.
즉, 군자는 말과 행동에 있어서 예가 아니면 하지 않고
예가 아니면 움직이지 않는 법이다.

容 얼굴 용

쓰임 | 容器(용기) : 물건을 담는 그릇. 美容(미용) : 아름다운 얼굴.

필순 | ⺀ ⺀ ⼧ 宀 宀 宛 宛 宛 容 容

止 그칠 지

쓰임 | 止血(지혈) : 피가 나오다 그침. 防止(방지) : 어떤 일이 일어나지 못하도록 막음.

필순 | 丨 ⺊ ⺊ 止

若 같을, 만약 약

쓰임 | 萬若(만약) : 만일.

필순 | ⺀ ⺊ ⺾ ⺾ ⺾ 芊 若 若

思 생각 사

쓰임 | 思考(사고) : 생각하고 궁리함. 相思(상사) : 서로 생각하고 그리워함.

필순 | 丨 冂 冂 冂 田 田 思 思 思

36일 言辭安定 (언사안정)

태도만 침착할 뿐 아니라
말도 안정케 하여 쓸데없는 말을 삼가라.

言 말씀 언
- **쓰임** | 言及(언급) : 하는 말이 그것에까지 미침. 甘言(감언) : 달콤한 말.
- **필순** | 一 二 三 言 言 言 言

辭 말씀 사
- **쓰임** | 辭緣(사연) : 하고자 하는 말. 辭讓(사양) : 받을 것을 받지 아니함.
- **필순** | 辭

安 편안 안
- **쓰임** | 安堵(안도) : 사는 곳에서 편안히 지냄. 慰安(위안) : 위로하여 안심시킴.
- **필순** | ' ` 宀 宀 安 安

定 정할 정
- **쓰임** | 確定(확정) : 확고하게 정함. 判定(판정) : 판별하여 결정함.
- **필순** | ' ` 宀 宀 宀 宇 定 定

37일 篤初誠美 (독초성미)

무엇이든지 처음에 성실하고 신중히 하여야 한다.

| 篤
도타울 독 | 쓰임 | 篤實(독실) : 열심이고 진실함. 危篤(위독) : 병세가 매우 중함. |
| | 필순 | ノ ト ト ケ ケ ケ 符 笃 笃 笃 笃 笃 篤 篤 篤 |

| 初
처음 초 | 쓰임 | 初步(초보) : 첫걸음. 初春(초춘) : 이른 봄. |
| | 필순 | 、 ラ 才 추 추 初 初 |

| 誠
정성 성 | 쓰임 | 誠實(성실) : 정성스럽고 참되어 거짓이 없는 것. |
| | 필순 | 一 ニ 三 言 言 言 言 訐 訪 誠 誠 誠 |

| 美
아름다울 미 | 쓰임 | 美觀(미관) : 아름다운 볼품. 美人(미인) : 아름다운 여자. |
| | 필순 | 、 ソ ソ ソ ソ 乡 兰 美 美 |

37일 愼終宜令 (신종의령)

처음뿐만 아니라 끝맺음도 좋아야 한다.

愼 삼갈 신
- 쓰임 | 愼重(신중) : 매우 조심스러움. 謹愼(근신) : 삼가고 조심함.
- 필순 | 丶 亅 忄 忄 忄 忄 忄 忄 忄 忄 愼 愼 愼

終 마칠 종
- 쓰임 | 終結(종결) : 끝을 냄. 終身(종신) : 죽을 때까지.
- 필순 | 乀 幺 幺 幺 糸 糸 糺 紁 終 終 終

宜 마땅할 의
- 쓰임 | 便宜(편의) : 여러 가지 조건이 갖추어져서 생활하거나 일하는 데 편하고 좋음.
- 필순 | 丶 宀 宀 宀 宜 宜 宜

令 하여금 령
- 쓰임 | 令狀(영장) : 정부에서 내주는 명령서.
- 필순 | 丿 人 𠆢 令 令

83

38일 榮業所基 (영업소기)

이상과 같이 잘 지키면 번성하는 기본이 된다.

榮 영화 영
- 쓰임: 榮光(영광) : 빛나는 명예. 繁榮(번영) : 일이 성하게 잘됨.
- 필순: ` ` ` ` ` ` ` ` ` ` ` ` 榮 榮 榮

業 업 업
- 쓰임: 業務(업무) : 직업으로 하는 일. 業績(업적) : 일의 성과.
- 필순: ` ` ` ` ` ` ` ` ` ` ` 業 業 業

所 바 소
- 쓰임: 所感(소감) : 느낀 바. 住所(주소) : 살고 있는 곳.
- 필순: ` ` ` ` ` ` ` 所 所 所

基 터 기
- 쓰임: 基礎(기초) : 사물의 밑바닥.
- 필순: 一 十 卄 廿 甘 甘 其 其 其 基 基

38일 籍甚無竟 (적심무경)

뿐만 아니라 자신의 명예스러운 이름이 길이 전하여질 것이다.

籍 호적 적
- **쓰임**: 國籍(국적): 일정한 국가의 국민으로서의 신분. 史籍(사적): 역사를 적은 책.
- **필순**: 籍

甚 심할 심
- **쓰임**: 甚難(심난): 매우 어려움. 甚至於(심지어): 심하면.
- **필순**: 甚

無 없을 무
- **쓰임**: 無名(무명): 이름이 없음. 無知(무지): 아는 것이 없음.
- **필순**: 無

竟 마침내 경
- **쓰임**: 畢竟(필경): 마침내. 竟夜(경야): 밤새도록.
- **필순**: 竟

39일 學優登仕 (학우등사)

배운 것이 넉넉하면 벼슬에 오를 수 있다.

學 — 배울 학

쓰임 | 學問(학문): 배우고 닦음. 碩學(석학): 학식이 많은 큰 학자.

필순 | `丶 ´ ʳ ʳʳ ʳʳʳ ʳʳʳʳ ʳʳʳʳ 臼 臼 臼 脚 與 與 學 學`

優 — 넉넉할 우

쓰임 | 優待(우대): 특별히 잘 대우함. 優等(우등): 뛰어난 등급.

필순 | `丿 亻 亻 仁 伶 伒 偃 偲 傴 傴 傴 優 優 優`

登 — 오를 등

쓰임 | 登山(등산): 산에 오름. 登校(등교): 학생이 학교에 감.

필순 | `フ ヲ ヲ´ ヲ` ヺ 癶 癶 登 登 登 登 登`

仕 — 벼슬 사

쓰임 | 仕官(사관): 벼슬살이를 함.

필순 | `丿 亻 仁 什 仕`

39일 攝職從政 (섭직종정)

직책을 맡아서 나라를 다스리는 일에 참여할 수 있다.

攝 잡을 섭

- **쓰임** | 攝生(섭생) : 적당한 운동과 적당한 음식물로 건강을 유지하도록 꾀함.
- **필순** | 一 † † 扌 扩 扩 扩 护 挕 挕 挕 挕 挕 搥 攝 攝 攝

職 직분 직

- **쓰임** | 職分(직분) : 마땅히 해야 할 본분. 官職(관직) : 관리의 벼슬자리.
- **필순** | 一 丆 F F 耳 耳 耳 耶 耶 耶 聆 聆 聆 職 職 職

從 좇을 종

- **쓰임** | 從事(종사) : 어떤 일을 일삼아 함. 服從(복종) : 남의 명령·의사를 좇음.
- **필순** | ノ ㄔ 彳 彳 彳 彷 徉 徉 徉 從 從

政 정사 정

- **쓰임** | 政治(정치) : 국가의 주권자가 그 영토와 국민을 다스림.
- **필순** | 一 T F 下 正 正 更 政 政

40일 存以甘棠 (존이감당)

주나라 소공이 남국의 아가위나무 아래서 백성을 교화하였다.

存 있을 존

쓰임 | 存續(존속) : 그대로 계속하여 있음. 存在(존재) : 사물이 있음.

필순 | 一 ナ 才 才 存 存

以 써 이

쓰임 | 以心傳心(이심전심) : 마음으로 마음에 전함. 所以(소이) : 까닭.

필순 | 丶 レ 以 以 以

甘 달 감

쓰임 | 甘受(감수) : 달게 받음. 苦盡甘來(고진감래) : 괴로운 일이 지나면 즐거운 일이 옴.

필순 | 一 十 廿 甘 甘

棠 아가위 당

쓰임 | 海棠(해당) : 장미과의 낙엽 관목, 바닷가 모래땅이나 산기슭에 남.

필순 | 丶 丷 丷 肖 肖 尚 尚 尚 堂 堂 棠

40일 去而益詠 (거이익영)

소공이 죽은 후 남국의 백성이
그의 덕을 추모하여 감당시를 읊었다.

去 갈 거
- 쓰임 | 去勢(거세) : 세력을 제거함. 過去(과거) : 지나간 때.
- 필순 | 一 + 土 去 去

而 어조사 이
- 쓰임 | 而立(이립) : 서른 살을 일컬음.
- 필순 | 一 ア ア 丙 而 而

益 더할 익
- 쓰임 | 損益(손익) : 손해와 이익. 利益(이익) : 이롭고 도움이 되는 일.
- 필순 | ノ ハ ハ ム ム 产 谷 谷 谷 益

詠 읊을 영
- 쓰임 | 詠歌(영가) : 시가를 읊음.
- 필순 | ` 一 亠 亠 言 言 言 言 訁 訒 詠 詠

41일 樂殊貴賤 (악수귀천)

음악은 신분의 귀천에 따라 다르다.

樂 풍류 악
- **쓰임**: 樂曲(악곡): 음악의 곡조. 風樂(풍악): 우리나라 고유의 음악.
- **필순**: ノ 丿 ҙ ҙ ҙ 泊 泊 冱 織 樂 樂 樂

殊 다를 수
- **쓰임**: 殊勳(수훈): 큰 공훈. 特殊(특수): 특별히 다름.
- **필순**: 一 ア ヲ 歹 歹 ゲ 歼 殊 殊 殊

貴 귀할 귀
- **쓰임**: 高貴(고귀): 높고 귀함. 騰貴(등귀): 물건값이 뛰어오름.
- **필순**: 丶 冂 冂 中 虫 虫 肀 胄 胄 冑 貴 貴

賤 천할 천
- **쓰임**: 賤待(천대): 업신여겨 푸대접함. 貴賤(귀천): 신분이나 일 따위의 귀함과 천함.
- **필순**: 丨 冂 冂 月 月 目 貝 貝 貯 賎 賎 賎 賤 賤

41일 禮別尊卑 (예별존비)

예의는 신분의 높고 낮음을 구별하여 지켰다.

禮 예도 례
- 쓰임 | 禮物(예물) : 사례의 뜻으로 주는 물건. 禮遇(예우) : 예로써 대우함.
- 필순 | 一 二 亍 亍 禾 禾 禾 利 利 禮 禮 禮 禮 禮 禮 禮 禮 禮 (示=礻)

別 다를 별
- 쓰임 | 別居(별거) : 한집안 식구로서, 따로 나가 삶. 別味(별미) : 별다른 맛.
- 필순 | 丨 口 口 口 另 別 別

尊 높을 존
- 쓰임 | 尊敬(존경) : 받들어 공경함. 尊重(존중) : 높이고 중하게 여김.
- 필순 | 丶 丷 ⺍ 丷 酋 酋 酋 酋 酋 尊 尊

卑 낮을 비
- 쓰임 | 卑怯(비겁) : 비열하고 겁이 많음. 卑賤(비천) : 신분이 낮고 천함.
- 필순 | 丿 亻 白 甶 甶 甶 甶 卑

42일 上和下睦 (상화하목)

위에서 사랑하고 아래서 공경함으로써 화목이 된다.

上 위 상
- **쓰임** | 上古(상고) : 퍽 오랜 옛날.　主上(주상) : 신하가 자기의 임금을 이르는 말.
- **필순** | 丨 丄 上

和 화할 화
- **쓰임** | 和解(화해) : 다툼을 서로 그치고 풂.　調和(조화) : 알맞게 잘 어울림.
- **필순** | 一 二 千 千 禾 禾 和 和

下 아래 하
- **쓰임** | 下落(하락) : 값이나 등급 따위가 떨어짐.　落下(낙하) : 떨어져 내림.
- **필순** | 一 丅 下

睦 화목할 목
- **쓰임** | 和睦(화목) : 서로 뜻이 맞고 정다움.　親睦(친목) : 서로 친하여 화목함.
- **필순** | 丨 冂 冃 日 日 目 肚 胩 胩 胩 睦 睦

42일 夫唱婦隨 (부창부수)

남편이 말을 하면 아내가 그 말을 따른다.

夫 남편 부
- 쓰임 | 夫人(부인) : 남의 아내의 높임말. 農夫(농부) : 농사를 짓는 남자.
- 필순 | 一 二 チ 夫

唱 부를 창
- 쓰임 | 唱歌(창가) : 곡조에 맞춰서 노래 부름. 主唱(주창) : 주의나 주장을 부르짖음.
- 필순 | 丨 冂 口 吅 吅 吅 吅 呾 唱 唱 唱

婦 며느리 부
- 쓰임 | 主婦(주부) : 한 집안의 안주인. 夫婦(부부) : 결혼한 한 쌍의 남녀.
- 필순 | ㄑ ㄑ 女 女' 女ㄱ 妒 妒 妒 婦 婦 婦

隨 따를 수
- 쓰임 | 隨行(수행) : 임무를 띠고 가는 사람을 따라감. 附隨(부수) : 따라서 붙는 것.
- 필순 | ' ㄅ ㅏ ㅏ- ㅏ- ㅏ- ㅏ- 阼 阵 隋 隋 隋 隨

43일 外受傳訓 (외수부훈)

때가 되면 밖에서 스승의 가르침을 받아야 한다.

外 바깥 외
- 쓰임 | 外交(외교) : 외부와의 교제. 外面(외면) : 대면하기를 꺼려 얼굴을 돌려 버림.
- 필순 | ノ ク 夕 外 外

受 받을 수
- 쓰임 | 受難(수난) : 재난을 당함. 領受(영수) : 돈이나 물품을 받음.
- 필순 | ´ ´ ´ ´ ´ ´ ´ 受 受

傅 스승 부
- 쓰임 | 師傅(사부) : 스승. 임금의 아들을 교육하던 시강원의 벼슬.
- 필순 | ノ 亻 亻 亻 亻 亻 傅 傅 傅 傅 傅

訓 가르칠 훈
- 쓰임 | 訓戒(훈계) : 타일러 경계함. 敎訓(교훈) : 가르치고 이끌어 줌.
- 필순 | ` 亠 亠 言 言 言 訓 訓 訓

43일 入奉母儀 (입봉모의)

집에 들어와서는 어머니의 모범을 배운다. 즉, 온화한 말씨, 태도, 어른의 말을 잘 듣고 순종하는 법을 배우는 것이다.

入 들 입

쓰임 | 入山(입산) : 산속으로 들어감. 沒入(몰입) : 어떤 일에 온 정신이 빠짐.

필순 | ノ 入

奉 받들 봉

쓰임 | 奉仕(봉사) : 남의 뜻을 받들어 섬김. 奉養(봉양) : 집안의 어른을 받들어 모심.

필순 | 一 二 三 丰 夫 表 表 奉

母 어미 모

쓰임 | 母國(모국) : 자기가 태어난 나라. 姑母(고모) : 아버지의 누이.

필순 | ㄴ ㄥ ㄸ ㄸ 母

儀 거동 의

쓰임 | 儀式(의식) : 예를 갖추는 법식. 地球儀(지구의) : 지구의 모형.

필순 | ノ 亻 亻 仁 伫 伫 佯 佯 佯 儀 儀 儀

44일 諸姑伯叔 (제고백숙)

고모, 백부, 숙부 등 집안의 친척들.

諸 모두 제

- 쓰임 | 諸君(제군) : 자네들. 諸般(제반) : 여러 가지.
- 필순 | 丶 亠 亠 言 言 言 計 訐 許 許 諸 諸 諸

姑 할미 고

- 쓰임 | 姑婦(고부) : 시어머니와 며느리.
- 필순 | 乀 ㄥ 女 女 妇 妇 姑 姑

伯 맏 백

- 쓰임 | 伯父(백부) : 큰아버지. 畵伯(화백) : 화가의 높임말.
- 필순 | 丿 亻 亻 伂 伯 伯 伯

叔 아저씨 숙

- 쓰임 | 叔父(숙부) : 아버지의 동생. 外叔(외숙) : 어머니의 남자 형제.
- 필순 | 丨 卜 上 叔 叔 叔 叔 叔

44일 猶子比兒 (유자비아)

조카들도 내 아들과 같이 대해야 한다.

猶 같을 유
- **쓰임**: 猶女(유녀): 조카딸. 猶不足(유부족): 오히려 모자람.
- **필순**: ノ ブ オ オ オ゙ オ゙ オ゙ 犭 狞 狞 猶 猶

子 아들 자
- **쓰임**: 子婦(자부): 며느리. 嫡子(적자): 정실 아내가 낳은 아들.
- **필순**: フ 了 子

比 견줄 비
- **쓰임**: 比較(비교): 서로 견주어 봄. 比肩(비견): 서로 어깨를 나란히 함.
- **필순**: 一 上 ヒ 比

兒 아이 아
- **쓰임**: 兒童(아동): 어린아이. 健兒(건아): 씩씩한 사나이.
- **필순**: ノ イ イ´ 日 臼 臼 兒

45일 孔懷兄弟 (공회형제)

형제간에 우애 있게 지내야 한다.

孔 구멍 공
- 쓰임 | 孔劇(공극): 몹시 지독함. 瞳孔(동공): 눈동자.
- 필순 | ` 了 子 孔

懷 품을 회
- 쓰임 | 懷柔(회유): 어루만져 잘 달램. 所懷(소회): 마음에 품고 있는 회포.
- 필순 | ′ ＾ ㅏ ㅏ゙ 忄 ㅏ宀 忄宀 忄宀 忄亠 忄亠 忄亠 忄亠 忄亠 懷 懷

兄 맏 형
- 쓰임 | 兄弟(형제): 형과 아우. 老兄(노형): 동년배 사이에서 대접하여 부르는 말.
- 필순 | ˋ 冂 口 口 尸 兄

弟 아우 제
- 쓰임 | 弟嫂(제수): 아우의 아내. 師弟(사제): 스승과 제자 사이.
- 필순 | ˋ ˶ 丷 ㇾ 쓰 弓 弟 弟

45일 同氣連枝 (동기연지)

형제는 부모의 기운을 같이 받았으니 나무의 가지와 같다.

同 같을 동
- 쓰임 | 和同(화동) : 서로 사이가 좋음. 同苦同樂(동고동락) : 괴로움도 즐거움도 함께함.
- 필순 | 丨 冂 冂 冋 同 同

氣 기운 기
- 쓰임 | 氣力(기력) : 힘. 氣壓(기압) : 대기의 압력.
- 필순 | ノ ⺈ ⺢ 气 气 氖 氜 氣 氣 氣

連 이을 련
- 쓰임 | 連結(연결) : 서로 이어서 맺음. 連判(연판) : 여러 사람의 도장을 찍음.
- 필순 | 一 厂 гп 亘 旦 車 車 連 連 連

枝 가지 지
- 쓰임 | 枝葉(지엽) : 가지와 잎. 枝幹(지간) : 가지와 줄기.
- 필순 | 一 十 才 木 木 朽 枝 枝

46일 交友投分 (교우투분)

벗은 서로 분수에 맞는 사람끼리 사귀어야 한다.

交 사귈 교
- **쓰임**: 交流(교류) : 서로 뒤섞이어 흐름. 修交(수교) : 나라와 나라 사이에 교제를 맺음.
- **필순**: 丶 亠 六 六 交 交

友 벗 우
- **쓰임**: 友情(우정) : 친구 간의 정. 友邦(우방) : 서로 친밀한 관계를 가진 나라.
- **필순**: 一 ナ 方 友

投 던질 투
- **쓰임**: 投票(투표) : 선거 또는 어떤 사항을 결정할 때, 자기의 의사를 표시하는 일.
- **필순**: 一 十 扌 扌 护 抄 投

分 나눌 분
- **쓰임**: 分別(분별) : 서로 다른 것을 구별하여 가름. 身分(신분) : 개인의 사회적 지위.
- **필순**: 丿 八 今 分

46일 切磨箴規 (절마잠규)

열심히 닦고 배워서 사람으로서의 도리를 지켜야 한다.

切 끊을 절
- **쓰임**: 切望(절망): 간절히 바람. 親切(친절): 태도가 매우 정답고 고분고분함.
- **필순**: 一 ㄊ 切 切

磨 갈 마
- **쓰임**: 磨滅(마멸): 닳아 없어짐. 硏磨(연마): 여러 번 갈고 닦음.
- **필순**: 丶 亠 广 广 广 庐 庐 庐 麻 麻 麻 磨 磨 磨

箴 경계 잠
- **쓰임**: 箴言(잠언): 가르쳐서 훈계가 되는 말.
- **필순**: 丿 𠂉 𥫗 竹 竹 竹 笊 笊 笋 筘 筬 箴 箴

規 법 규
- **쓰임**: 規格(규격): 일정한 표준. 例規(예규): 관례와 규칙, 본보기.
- **필순**: 一 二 丰 夫 夬 却 却 担 規 規 規

47일 仁慈隱惻 (인자은측)

어진 마음으로 남을 사랑하고 또는 이를 측은히 여겨야 한다.

仁 어질 인

쓰임 | 仁術(인술) : 어진 덕을 베푸는 방도. 仁慈(인자) : 어질고 자애로움.

필순 | ノ 亻 仁 仁

慈 인자할 자

쓰임 | 慈善(자선) : 불쌍한 사람을 도움. 慈堂(자당) : 상대방의 어머니를 이르는 말.

필순 | 丶 亠 亠 兹 兹 兹 兹 兹 慈 慈 慈

隱 숨을, 가엾어할 은

쓰임 | 隱密(은밀) : 생각이나 행동 따위가 숨어 있어 겉으로 드러나지 아니함.

필순 | 阝 阝 阝 阝 阝 阝 阝 阝 阝 隯 隯 隱 隱 隱 隱

惻 슬플 측

쓰임 | 惻隱(측은) : 가엾고 애처로움.

필순 | 丶 丶 忄 忄 忄 㣇 㣇 㣇 㣇 㣇 惻 惻

47일 造次弗離 (조차불리)

남을 위한 동정심을 잠시라도 잊지 말고 항상 가져야 한다.

造 지을 조
- **쓰임**: 造林(조림) : 나무를 심어 숲을 만듦. 改造(개조) : 고쳐 만들거나 변화시킴.
- **필순**: 丿 丶 卅 生 牛 告 告 告 浩 浩 造

次 버금 차
- **쓰임**: 次期(차기) : 다음 시기. 席次(석차) : 성적의 차례.
- **필순**: 丶 冫 冫 冫 次 次

弗 아닐 불
- **쓰임**: 弗乎(불호) : 탄식하는 말로 '아니구나', '아니다'의 의미.
- **필순**: 一 二 弓 弔 弗

離 떠날 리
- **쓰임**: 離別(이별) : 서로 갈려서 떨어짐. 離散(이산) : 떨어져 흩어짐.
- **필순**: 丶 亠 宀 宀 卣 卣 卨 离 离 离 离 离 离 離 離

48일 節義廉退 (절의렴퇴)

군자는 절개와 의리를 지키고,
청렴하여 불의와 부정 앞에서는 과감히 물러설 줄도 알아야 한다.

節 마디 절
- 쓰임 | 節約(절약): 아끼어 씀. 節次(절차): 일의 순서.
- 필순 | ˊ ˋ ⺮ ⺮ ⺮ ⺮ ⺮ 竹 筲 筲 節 節 節

義 옳을 의
- 쓰임 | 義理(의리): 사람으로서 지켜야 할 도리. 義兄弟(의형제): 의로 맺은 형제.
- 필순 | ˋ ˊ ⺶ ⺶ ⺶ 羊 羊 羊 義 義 義

廉 청렴 렴
- 쓰임 | 淸廉(청렴): 고결하고 물욕이 없음.
- 필순 | ˋ 亠 广 广 广 产 庐 庐 庐 庠 廉 廉 廉

退 물러날 퇴
- 쓰임 | 退治(퇴치): 물리쳐서 없애 버림. 後退(후퇴): 뒤로 물러감.
- 필순 | ˊ ˋ ㄱ 彐 艮 艮 艮 退 退 退

48일 顚沛匪虧 (전패비휴)

엎어지고 자빠져도 이지러지지 않으니 용기를 잃지 마라.

顚 넘어질 전	쓰임	顚倒(전도) : 거꾸로 됨. 顚末(전말) : 일의 처음부터 끝까지의 사정.
	필순	一 ト ヒ ヒ 占 占 直 直 眞 眞 顛 顛 顛 顚

沛 자빠질 패	쓰임	沛然(패연) : 성대한 모양. 沛澤(패택) : 초목이 나고 물이 있는 곳.
	필순	丶 冫 氵 氵 汇 汇 沛 沛

匪 아닐 비	쓰임	匪賊(비적) : 떼를 지어 돌아다니며 재물을 약탈하는 도둑.
	필순	一 匚 匚 匚 匪 匪 匪 匪 匪 匪

虧 이지러질 휴	쓰임	虧損(휴손) : 모자람. 虧月(휴월) : 이지러진 달.
	필순	丶 丶 ト 广 庐 虍 虍 虎 虗 虧 虧 虧 虧 虧

49일 性靜情逸 (성정정일)

성품이 고요하게 가라앉아 있으면 마음이 편안하다.

性 성품 성

쓰임 | 性格(성격) : 각 사람의 특유한 성질. 異性(이성) : 생리적으로 다른 성.

필순 | ⼀ ⼁ ⼅ ⼨ ⼩ ⼩ 忄 忄 性 性

靜 고요할 정

쓰임 | 靜肅(정숙) : 고요하고 엄숙함.

필순 | 一 二 キ 主 丰 青 青 青 青 靑 靑 靑 靜 靜 靜 靜

情 뜻 정

쓰임 | 情緖(정서) : 감정의 실마리. 多情(다정) : 무척 정다움.

필순 | ⼀ ⼁ ⼅ ⼨ ⼩ ⼩ 忄 忄 情 情 情

逸 편안할 일

쓰임 | 安逸(안일) : 편안하고 한가로움.

필순 | ⼃ ⼂ ⼓ ⼛ 免 免 免 免 兔 兔 逸 逸 逸 逸

49일 心動神疲 (심동신피)

마음이 불안하여 산란해지면 정신마저도
피곤해져 몸과 마음이 모두 편하지 못하게 된다.

心 마음 심
- 쓰임 | 心境(심경) : 마음의 상태. 都心(도심) : 도시의 중심부.
- 필순 | ノ 心 心 心

動 움직일 동
- 쓰임 | 動機(동기) : 행동을 일으키게 하는 계기. 動搖(동요) : 흔들려 움직임.
- 필순 | 一 二 千 千 舌 盲 重 重 動 動

神 귀신 신
- 쓰임 | 神通(신통) : 이상하고도 묘함. 精神(정신) : 행동이나 활동을 충동하는 마음.
- 필순 | 一 二 亍 亓 示 利 和 和 神 (示=礻)

疲 피로할 피
- 쓰임 | 疲困(피곤) : 몸이 지치어 고달픔. 疲勞(피로) : 몸이나 정신이 지침.
- 필순 | 丶 亠 广 广 疒 疒 疒 痄 疲 疲

50일 守眞志滿 (수진지만)

사람으로서 올바른 도리를 지켜 나간다면
그 뜻이 충만해 만족스럽고 여유가 있다.

守 지킬 수
- 쓰임 | 守備(수비) : 적의 침입으로부터 지킴.
- 필순 | ⼁ ⼂ ⼧ ⼧ 守 守

眞 참 진
- 쓰임 | 眞理(진리) : 참된 도리. 眞相(진상) : 참된 모습.
- 필순 | 一 匕 ⼍ 介 旨 旨 盲 直 眞 眞

志 뜻 지
- 쓰임 | 志望(지망) : 뜻하여 바람. 同志(동지) : 뜻이 서로 같음.
- 필순 | 一 十 士 志 志 志 志

滿 찰 만
- 쓰임 | 滿開(만개) : 꽃이 활짝 핌. 滿員(만원) : 정원이 다 참.
- 필순 | ⼂ ⼆ ⼮ ⼮ 汁 汁 汁 洪 滿 滿 滿 滿 滿

50일 逐物意移 (축물의이)

재물을 따라가면 마음도 거기 쏠리게 마련이다.

逐 쫓을 축

쓰임 | 逐出(축출) : 쫓아냄. 驅逐(구축) : 몰아서 쫓아냄.

필순 | 一 丆 丂 豕 豕 豕 豖 豖 逐 逐 逐

物 만물 물

쓰임 | 物望(물망) : 여러 사람이 우러러보는 명망. 萬物(만물) : 세상의 온갖 물건.

필순 | ノ 𠂊 牛 牛 牜 牥 物 物

意 뜻 의

쓰임 | 意見(의견) : 여러 대상에 대하여 가지는 생각. 意思(의사) : 마음먹은 생각.

필순 | 一 二 丷 立 产 产 音 音 音 音 意 意 意

移 옮길 이

쓰임 | 移動(이동) : 옮기어 움직임. 移徙(이사) : 집을 옮김.

필순 | ノ 二 千 千 禾 禾 秂 秱 移 移 移

51일 堅持雅操 (견지아조)

깨끗한 지조를 굳게 지킨다. 즉, '아조'는 깨끗한 지조, 올바른 지조를 말한다. 이것을 잘 지키면 사람들의 존경을 받고 임금도 그를 믿게 된다.

| 堅 굳을 견 | 쓰임 | 堅固(견고) : 굳세고 단단함.　堅持(견지) : 굳게 지님. |
| | 필순 | 一 丨 丨 丨 丨 丨 丨 丨 丨 堅 堅 |

| 持 가질 지 | 쓰임 | 持論(지론) : 변하지 않고 가지고 있는 의견.　持病(지병) : 늘 지니고 있는 병. |
| | 필순 | 一 十 扌 扌 扌 扞 扞 持 持 |

| 雅 맑을 아 | 쓰임 | 雅量(아량) : 넓은 도량.　端雅(단아) : 단정하고 아담함. |
| | 필순 | 一 匸 于 于 开 开 开 开 开 雅 雅 |

| 操 잡을 조 | 쓰임 | 操業(조업) : 작업을 함.　操縱(조종) : 마음대로 다루어 부림. |
| | 필순 | 一 十 扌 扌 扌 扌 扌 扌 扌 操 操 操 |

51일 好爵自縻 (호작자미)

좋은 벼슬이 저절로 따라온다. 즉, 천작(하늘이 주는 벼슬)을 잘 지키면 인작(사람이 주는 벼슬)은 자연히 따른다는 뜻이다.

좋을 호

- 쓰임 | 好衣(호의) : 좋은 옷. 愛好(애호) : 사랑하고 좋아함.
- 필순 | く 女 女 好 好 好

好 好 好

爵
벼슬 작

- 쓰임 | 爵位(작위) : 벼슬과 직위. 封爵(봉작) : 제후로 봉하고 관직을 줌.
- 필순 | 爵 (획순 생략)

爵 爵 爵

스스로 자

- 쓰임 | 自家(자가) : 자기 집. 自畵自讚(자화자찬) : 자기가 그린 그림을 자기가 칭찬함.
- 필순 | ′ 亻 冂 自 自 自

自 自 自

얽을 미

- 쓰임 | 縻鎖(미쇄) : 쇠사슬로 비끄러맴. 繫縻(계미) : 옭아맴.
- 필순 | 縻 (획순 생략)

縻 縻 縻

111

52일 都邑華夏 (도읍화하)

왕성의 도읍을 화하에 정하였다.
화하는 당시 중국을 지칭하는 말이다.

都 도읍 도

- **쓰임** | 都合(도합) : 모두. 首都(수도) : 한 나라의 정부가 있는 도시.
- **필순** | 一 十 土 耂 耂 者 者 者 者' 都 都

邑 고을 읍

- **쓰임** | 邑村(읍촌) : 읍에 속한 마을. 邑人(읍인) : 마을 사람.
- **필순** | 丶 ㄇ ㅁ 吕 吕 吕 邑

華 빛날, 중국 화

- **쓰임** | 華僑(화교) : 외국에 사는 중국 사람. 豪華(호화) : 사치스럽고 화려함.
- **필순** | 一 十 卝 艹 芒 苎 苎 莁 莁 蕐 華

夏 여름 하

- **쓰임** | 夏穀(하곡) : 여름에 거두는 곡식. 夏期(하기) : 여름철.
- **필순** | 一 丆 丆 厃 万 百 盲 頁 頁 夏

52일 東西二京 (동서이경)

동쪽과 서쪽에 두 서울을 두었다.

東 동녘 동	쓰임 | 東問西答(동문서답) : 물음에 대하여 엉뚱한 대답을 함을 이르는 말.
	필순 | 一 ㄇ ㅋ 후 亘 車 東 東

西 서녘 서	쓰임 | 西風(서풍) : 서쪽에서 불어오는 바람. 西歐(서구) : 서부 유럽의 여러 나라.
	필순 | 一 ㄇ ㅋ 西 西 西

二 두 이	쓰임 | 二毛作(이모작) : 한 논밭에 일 년에 두 가지 작물을 차례로 심어 가꾸는 일.
	필순 | 一 二

京 서울 경	쓰임 | 京鄕(경향) : 서울과 시골. 歸京(귀경) : 서울로 돌아옴.
	필순 | ` 亠 ㅗ 亩 古 宁 京 京

53일 背邙面洛 (배망면락)

낙양은 북망산을 등지고 낙수강을 바라보고 있다.

背 등 배

- **쓰임** | 背叛(배반) : 신의를 저버리고 돌아섬. 向背(향배) : 좇음과 등짐. 앞과 뒤.
- **필순** | 丨 丨 キ キ 非 非 背 背 背

邙 터 망

- **쓰임** | 北邙山(북망산) : 중국 하남성 낙양에 있는 산. 옛날 중국의 귀인들이 묻힌 곳.
- **필순** | ㆍ 亠 亡 亡 邙 邙

面 낯 면

- **쓰임** | 面目(면목) : 얼굴. 假面(가면) : 얼굴에 쓰기 위한 탈.
- **필순** | 一 プ ア 丙 而 而 面 面

洛 낙수 락

- **쓰임** | 洛陽紙價貴(낙양지가귀) : 책이 널리 세상에 퍼져 많이 읽힘을 일컫는 말.
- **필순** | ㆍ ㆍ 氵 氵 氵 汐 洛 洛 洛

53일 浮渭據涇 (부위거경)

장안은 위수 강가에 위치하여 경수강을 의지한다.
장안은 위수에 떠 있는 것처럼 보인다.

浮 뜰 부	쓰임	浮生(부생) : 덧없는 인생. 浮雲(부운) : 공중에 뜬 구름.
	필순	⼀ ⼀ ⼀ ⼀ ⼀ ⼀ ⼀ ⼀ 浮 浮

渭 위수 위	쓰임	渭陽丈(위양장) : 남의 외삼촌을 높이어 이르는 말. 중국 고사.
	필순	⼀ ⼀ ⼀ ⼀ ⼀ ⼀ ⼀ ⼀ ⼀ 渭 渭 渭

據 의지할 거	쓰임	據點(거점) : 의거하여 지키는 곳. 依據(의거) : 증거나 근거에 따라 함.
	필순	一 十 扌 扌 扩 扩 护 护 护 抄 抄 搞 搞 據

涇 경수 경	쓰임	涇渭(경위) : 엉클어져 있는 내용에서 갈라 내는 옳음과 그름.
	필순	⼀ ⼀ ⼀ ⼀ ⼀ ⼀ ⼀ 涇 涇 涇

54일 宮殿盤鬱 (궁전반울)

궁전의 건물들은 울창한 숲처럼 촘촘히 들어섰다.

宮 집 궁

쓰임 | 王宮(왕궁) : 임금이 기거하는 궁전. 古宮(고궁) : 옛 궁궐.

필순 | 丶 丶 宀 宀 宀 宀 宮 宮 宮

殿 대궐 전

쓰임 | 殿下(전하) : 왕이나 왕비의 높임말. 殿閣(전각) : 임금이 거처하는 궁전.

필순 | 一 コ ア ア 尸 尸 屄 屄 屈 展 殿 殿 殿

盤 소반 반

쓰임 | 盤石(반석) : 넓고 평평한 바위. 일 또는 사물이 매우 견고한 것을 이르는 말.

필순 | 丶 丿 凢 凢 舟 舟 舟 舟 舟殳 舟殳 般 般 盤 盤 盤

鬱 울창할 울

쓰임 | 鬱蒼(울창) : 나무가 빽빽이 우거짐.

필순 | 一 十 ナ ナ ナ 朴 朴 朴 柑 柑 棘 鬱 鬱 鬱 鬱 鬱 鬱

54일 樓觀飛驚 (누관비경)

누각들은 매우 높아서 하늘을 날아갈 듯하며
그 장대한 기세는 보는 사람들이 놀랄 정도다.

樓 다락 루	쓰임	樓閣(누각) : 사방을 바라볼 수 있게 높이 지은 집 또는 다락방.
	필순	一 十 丁 才 木 木 朳 栌 栌 桓 槍 槒 樓 樓 樓

觀 볼 관	쓰임	觀點(관점) : 사물을 관찰할 때 그 사람이 보는 처지 혹은 각도.
	필순	卝 廾 世 昔 苹 萑 雚 雚 雚 觀 觀 觀 觀

飛 날 비	쓰임	飛火(비화) : 튀는 불똥. 飛行(비행) : 공중으로 날아다님.
	필순	乁 乛 飞 飞 飛 飛 飛 飛 飛

驚 놀랄 경	쓰임	驚愕(경악) : 몹시 놀람. 驚歎(경탄) : 놀라 탄식하는 것.
	필순	丶 宀 艹 艹 芍 苟 苟 敬 敬 敬 警 警 驚 驚 驚 驚

55일 圖寫禽獸 (도사금수)

궁전 내부는 유명한 화가들이 그린 그림, 조각 등으로 장식되어 있다.

| 圖
그림 도 | 쓰임 | 圖表(도표) : 그림을 그려 나타낸 표. |
| | 필순 | 丨 冂 冂 冃 몐 몐 몐 몐 뎝 閸 閸 圖 圖 圖 |

| 寫
그릴 사 | 쓰임 | 寫本(사본) : 문서나 책을 베껴 부본을 만듦. |
| | 필순 | 丶 宀 宀 宀 宀 宀 宀 宀 宀 宁 寫 寫 寫 寫 |

| 禽
새 금 | 쓰임 | 家禽(가금) : 집에서 기르는 닭·오리 따위의 새. |
| | 필순 | 丿 人 亽 亽 今 令 侴 侴 禽 禽 禽 禽 |

| 獸
짐승 수 | 쓰임 | 鳥獸(조수) : 새와 짐승. 獸心(수심) : 짐승같이 사납고 모진 마음. |
| | 필순 | 丶 丷 ⺧ ⺧ 甲 뽀 뽀 뿓 뿓 뿓 뿓 獸 獸 獸 |

55일 畵綵仙靈 (화채선령)

신선과 신령의 그림도 화려하게 채색되어 있다.

畵 그림 화

쓰임: 畵家(화가) : 그림 그리는 일을 전문으로 하는 사람.　畵壇(화단) : 화가들의 사회.

필순: 一 一 ヨ ヨ 聿 聿 聿 聿 書 書 畵 畵 畵

綵 채색 채

쓰임: 綵雲(채운) : 꽃구름. 오색구름.

필순: ⼃ ⼄ ⼆ ⽺ ⽺ ⽷ ⽷ 紒 紒 紒 紒 綵 綵

仙 신선 선

쓰임: 仙境(선경) : 신선이 산다고 생각하는 곳.　仙風(선풍) : 신선 같은 풍채.

필순: ⼃ 亻 仁 仙 仙

靈 신령 령

쓰임: 靈魂(영혼) : 넋.　亡靈(망령) : 죽은 이의 넋.

필순: 一 ⼆ 示 示 示 示 雷 雷 雷 雷 雷 霝 霝 靈 靈

56일 丙舍傍啓 (병사방계)

병사 곁에 통로를 열어 궁전 안을 출입하는 사람들의 편리를 도모하였다.

丙 남녘 병
- 쓰임 | 丙坐(병좌) : 묏자리나 집터 따위가 남쪽을 등진 좌향.
- 필순 | 一 丆 丙 丙 丙

舍 집 사
- 쓰임 | 舍監(사감) : 기숙사에서 기숙생을 감독하는 사람. 舍宅(사택) : 살림집.
- 필순 | 丿 人 ㅅ 亼 숫 余 舍 舍

傍 곁 방
- 쓰임 | 傍觀(방관) : 옆에서 봄.
- 필순 | 丿 亻 亻 仁 仁 伫 伫 侉 傍 傍

啓 열 계
- 쓰임 | 啓導(계도) : 남을 깨치어 이끌어 줌. 啓示(계시) : 깨우쳐 보여 줌.
- 필순 | 丶 ㇇ 尸 尸 尸 户 所 改 啓 啓

56일 甲帳對楹 (갑장대영)

멋진 휘장들은 큰 기둥을 향해 걸려 있다.
한나라 무제는 갑장과 을장이라는 두 개의 장막을 만들어
정전의 양쪽 기둥 사이에 설치했다.

甲 갑옷 갑	쓰임	甲富(갑부) : 첫째가는 부자.　還甲(환갑) : 나이 만 60세를 가리키는 말.
	필순	丨 冂 日 日 甲

帳 장막 장	쓰임	帳簿(장부) : 금품의 수입 또는 지출을 기록하는 책.
	필순	丨 冂 巾 帄 帄 帄 帄 帳 帳 帳 帳

對 대답 대	쓰임	對決(대결) : 양자가 맞서서 우열을 가림.　相對(상대) : 서로 마주 대함.
	필순	丨 丨 丬 业 业 业 业 業 業 業 對 對

楹 기둥 영	쓰임	楹鼓(영고) : 몸통 중앙에 기둥을 꿰어 세운 북.　楹棟(영동) : 기둥과 마룻대.
	필순	一 十 才 才 木 杉 杦 杦 枴 楹 楹 楹

57일 肆筵設席 (사연설석)

돗자리를 깔아서 잔치 자리를 마련하다.

肆 방자할 사
- **쓰임**: 肆欲(사욕) : 제멋대로 욕심을 부림.
- **필순**: 丨 ｢ ｢ ｢ 튼 틋 튽 튽 튽 튽 튽 肆

筵 자리 연
- **쓰임**: 經筵(경연) : 임금 앞에서 경서를 강의하던 자리.
- **필순**: ノ ⺊ ⺊ ⺮ ⺮ ⺮ ⺮ 筝 筵 筵 筵

設 베풀 설
- **쓰임**: 設備(설비) : 베풀어서 갖춤. 設令(설령) : 그렇다 하더라도.
- **필순**: ⺀ ⺀ ⺀ ⺀ 言 言 言 訁 訁 設 設

席 자리 석
- **쓰임**: 宴席(연석) : 잔치를 베푸는 자리. 出席(출석) : 어떤 자리에 참석함.
- **필순**: 丶 亠 广 广 广 庐 庐 庐 席 席

57일 鼓瑟吹笙 (고슬취생)

비파를 치고 생황을 불다.
제후들과 신하들이 모여 임금을 뵙는 날
잔치를 열고 악기를 연주하게 했다.

鼓 북 고

- 쓰임 | 鼓動(고동) : 심장이 뜀. 鼓舞(고무) : 북을 치면서 춤을 춤.
- 필순 | 一 十 土 亠 吉 吉 吉 壴 壴 壴 鼓 鼓

瑟 비파 슬

- 쓰임 | 琴瑟(금슬) : 거문고와 비파. 부부간의 애정을 일컫기도 함.
- 필순 | 一 丁 王 玉 玨 珏 琵 琵 琴 瑟 瑟 瑟

吹 불 취

- 쓰임 | 鼓吹(고취) : 북을 치고 피리를 붊.
- 필순 | 丨 口 口 叭 吠 吹

笙 생황 생

- 쓰임 | 笙簧(생황) : 아악에 쓰이는 관악기의 한 가지.
- 필순 | ノ 𠂉 ⺮ ⺮ 竹 竹 竺 竺 笙 笙

58일 陞階納陛 (승계납폐)

문무백관이 계단에 올라 임금께 납폐하다.

陞 오를 승

쓰임 | 陞級(승급) : 등급에 오름. 陞進(승진) : 지위가 올라감.

필순 | ′ ㄅ ㅣ ㅐ ㅐ- ㅐ౼ ㅐ-+ ㅐ# ㅐ幷 陞 陞

階 섬돌 계

쓰임 | 階級(계급) : 관위·신분 등의 상하 등급. 階梯(계제) : 사닥다리.

필순 | ′ ㄅ ㅣ ㅐ ㅐ- ㅐ౼ ㅐ+ ㅐ比 ㅐ比 ㅐ밥 階 階 階

納 바칠 납

쓰임 | 納得(납득) : 이해함. 出納(출납) : 금전·물품 따위를 내어 주고 받아들임.

필순 | ′ ㄠ ㅁ ㅁ 幺 糸 糸 糿 納 納

陛 섬돌 폐

쓰임 | 陛下(폐하) : '천자'의 높임말.

필순 | ′ ㄅ ㅣ ㅐ ㅐ- ㅐ౼ ㅐ比 ㅐ比 陛 陛

58일 弁轉疑星 (변전의성)

관에 달린 구슬들이 흔들리는 모습이 별인 듯 의심이 든다.

弁 고깔 변
- **쓰임**: 弁服(변복): 관과 옷. 弁冕(변면): 고깔과 면류관.
- **필순**: ⺊ ⺊ ⺊ 亼 乽 弁

轉 구를 전
- **쓰임**: 轉嫁(전가): 자기의 허물을 남에게 덮어씌움.
- **필순**: 一 ㄈ 冂 日 旦 車 車 車 軒 軒 軒 軒 轉 轉 轉 轉

疑 의심할 의
- **쓰임**: 疑心(의심): 믿지 못하는 마음. 懷疑(회의): 의심을 품음.
- **필순**: 一 ヒ ト ヒ ヒ 돗 돗 돗 돗 疑 疑 疑 疑 疑

星 별 성
- **쓰임**: 星霜(성상): 세월. 星座(성좌): 별자리.
- **필순**: 丨 冂 日 日 旦 旱 昇 星 星

59일 右通廣內 (우통광내)

정전의 오른쪽은 광내전으로 통한다.

右 오른쪽 우	쓰임	右往左往(우왕좌왕) : 이리저리 왔다 갔다 함. 右翼(우익) : 새의 오른쪽 날개.
	필순	一 ナ オ 右 右

通 통할 통	쓰임	通告(통고) : 서면이나 말로 알려 줌. 通達(통달) : 환히 앎.
	필순	一 マ ア 丙 丙 育 甬 浦 涌 通 通

廣 넓을 광	쓰임	廣告(광고) : 세상에 널리 알림. 廣大(광대) : 넓고 큼.
	필순	' 一 广 广 广 产 产 产 庐 庐 庐 庸 席 廣 廣

內 안 내	쓰임	內亂(내란) : 나라 안에서 일어난 반란.
	필순	丨 冂 內 內

59일 左達承明 (좌달승명)

왼쪽은 승명전에 이른다. 승명전은 한나라 때 임금이 자는 숙소인데 미앙궁이 있던 궁전이다. 또한 승명은 신하들이 숙직하던 장소인 승명려를 가리키기도 한다.

左 왼쪽 좌
- 쓰임 | 左遷(좌천) : 관리가 높은 자리에서 낮은 자리로 떨어짐.
- 필순 | 一 ナ ナ 左 左

達 통달할 달
- 쓰임 | 達成(달성) : 목적한 바를 이룸.　榮達(영달) : 지위가 높고 귀하게 됨.
- 필순 | 一 十 土 圭 휼 훜 홀 흍 幸 幸 達 達 達

承 이을 승
- 쓰임 | 承諾(승낙) : 청하는 바를 들어줌.　繼承(계승) : 조상이나 전임자의 뒤를 이어받음.
- 필순 | ㄱ 了 了 手 手 丞 丞 承

明 밝을 명
- 쓰임 | 明年(명년) : 내년.　失明(실명) : 눈이 멂.
- 필순 | 丨 冂 日 日 町 明 明 明

60일 旣集墳典 (기집분전)

삼분(三墳)과 오전(五典)을 이미 모아 놓았다.
삼분은 삼황(三皇)의 일을, 오전은 오제(五帝)의 일을
기록한 중국의 고전을 가리킨다.

旣 이미 기
- 쓰임 | 旣得(기득) : 이미 얻어서 차지함. 旣往(기왕) : 현재보다 이전.
- 필순 | ⺀ ⺁ ㄉ 白 白 皀 皀 既 既 旣

集 모을 집
- 쓰임 | 集大成(집대성) : 많은 훌륭한 것을 모아서 하나의 완전한 것으로 만들어 내는 일.
- 필순 | ノ イ イ´ 广 𠂉 𠂉 隹 隹 隼 集 集 集

墳 무덤 분
- 쓰임 | 墳墓(분묘) : 무덤. 古墳(고분) : 고대의 무덤.
- 필순 | 一 十 土 圤 圤 圤 垆 垆 垆 垆 墳 墳 墳

典 법 전
- 쓰임 | 辭典(사전) : 단어를 모아서 일정한 순서로 배열하고, 설명을 해 놓은 책.
- 필순 | ㇀ 冂 巾 曲 曲 曲 典 典

60일 亦聚群英 (역취군영)

또한 수많은 인재들이 모여들었다.

亦 — 또 역

- **쓰임**: 亦是(역시) : 또한. 亦然(역연) : 이 또한.
- **필순**: 丶 一 亠 亣 亦 亦

聚 — 모을 취

- **쓰임**: 聚落(취락) : 마을. 聚散(취산) : 모이고 흩어짐.
- **필순**: 一 丆 丆 耳 耳 耳 取 取 取 聚 聚 聚 聚 聚

群 — 무리 군

- **쓰임**: 群鷄(군계) : 닭의 무리. 拔群(발군) : 여러 사람 가운데서 빼어남.
- **필순**: 𠃋 コ ヨ 尹 尹 君 君 君 君 群 群 群 群

英 — 꽃부리 영

- **쓰임**: 英特(영특) : 남달리 뛰어나고 훌륭함. 英才(영재) : 뛰어난 재주.
- **필순**: 一 十 卄 艹 艾 苎 芽 英 英

61일 杜藁鍾隸 (두고종례)

글씨에는 두조가 쓴 초서와 종요가 쓴 예서가 있다. 후한의 두조는 초서의 명필이었고, 위나라의 국방장관 종요는 예서의 명필이었다.

杜 막을 두
- 쓰임 | 杜門不出(두문불출) : 집에만 틀어박혀 밖에 나가지 아니함.
- 필순 | 一 十 才 木 木 杜 杜

藁 짚 고
- 쓰임 | 藁草(고초) : 볏짚.
- 필순 | 丶 十 艹 艹 艹 艹 芢 芢 芦 荁 蒿 蒿 蒿 薔 藁 藁 藁

鍾 쇠북 종
- 쓰임 | 鍾鉢(종발) : 작은 보시기.
- 필순 | 丿 𠆢 𠆢 𠆢 幺 幺 金 金 釒 釕 鉅 鉅 鍾 鍾

隸 글씨 례
- 쓰임 | 隸字(예자) : 예서체의 글자.
- 필순 | 一 十 土 圭 幸 幸 素 素 隶 隶 隷 隸 隸

61일 漆書壁經 (칠서벽경)

한나라 영제가 돌벽에서 발견한 서적과 공자가 발견한 육경도 비치되어 있었다.

漆 옻칠 칠
- 쓰임 | 漆黑(칠흑) : 옻칠과 같이 검은 것.
- 필순 | 丶 丶丶 氵 氵 汁 汁 浐 泮 泮 漆 漆 漆 漆

書 글 서
- 쓰임 | 書信(서신) : 편지. 書類(서류) : 글자로 기록한 문서.
- 필순 | フ ⇁ ⇂ ㅋ 言 圭 聿 書 書 書

壁 벽 벽
- 쓰임 | 壁報(벽보) : 벽에 써 붙여 여러 사람에게 알리는 글.
- 필순 | 丶 ⺊ 尸 尸 辟 辟 辟 辟 辟 辟 辟 壁 壁

經 경서 경
- 쓰임 | 經書(경서) : 사서오경 등 유교의 가르침을 쓴 서적.
- 필순 | 𠃋 幺 糸 糸 糸 紅 経 経 經 經 經

62일 府羅將相 (부라장상)

관청에는 장수들과 정승들이 모여 있다.

府 관청 부

- 쓰임 | 政府(정부) : 행정권의 집행을 맡은 최고의 중앙 기관.
- 필순 | ` 亠 广 广 庁 庁 府 府

羅 벌일 라

- 쓰임 | 羅列(나열) : 죽 벌여 놓음.   網羅(망라) : 널리 받아들여 모두 포함함.
- 필순 | ` 冂 冂 罒 罒 罒 罘 罜 罜 罹 羅 羅 羅

將 장수 장

- 쓰임 | 將軍(장군) : 군을 통솔, 지휘하는 무관.
- 필순 | 丨 爿 爿 爿 爿 爿 ㅏ 护 护 將 將

相 서로 상

- 쓰임 | 相對(상대) : 서로 마주 봄.   相逢(상봉) : 서로 만남.
- 필순 | 一 十 才 木 机 机 相 相 相

62일 路俠槐卿 (노협괴경)

대신들의 집이 큰길을 끼고 들어서 있다.

路 길 로
- **쓰임**: 路線(노선): 정해 놓고 통행하는 길. 行路(행로): 세상을 살아가는 길.
- **필순**: 丶 丨 ⼞ ⼞ ⼝ ⾜ ⾜ 趵 趵 趵 路 路 路

俠 낄 협
- **쓰임**: 俠客(협객): 남자다운 기개를 지닌 사람.
- **필순**: 丿 亻 伂 俠 俠 俠 俠 俠 俠

槐 회화나무 괴
- **쓰임**: 槐木(괴목): 회화나무.
- **필순**: 一 十 ⼁ 木 ⽊ 柑 柑 柑 柑 柑 槐 槐 槐

卿 벼슬 경
- **쓰임**: 公卿(공경): 삼공(三公)과 구경(九卿)의 높은 벼슬자리를 아울러 이르는 말.
- **필순**: 丿 ⺄ ⺉ 卯 卯 卯 卿 卿 卿 卿 卿

63일 戶封八縣 (호봉팔현)

한나라가 천하를 통일하고 여덟 고을 민호를 주어 공신을 봉하였다.

戶 집 호

- 쓰임 | 戶別(호별) : 집마다. 戶主(호주) : 한 집안의 주장이 되는 사람.
- 필순 | 一 厂 戶 戶

封 봉할 봉

- 쓰임 | 封印(봉인) : 봉한 자리에 도장을 찍음. 開封(개봉) : 봉한 것을 떼어 엶.
- 필순 | 一 十 土 圭 圭 圭 封 封

八 여덟 팔

- 쓰임 | 八字(팔자) : 사람이 출생한 연월일시의 간지 여덟 글자.
- 필순 | ノ 八

縣 고을 현

- 쓰임 | 縣監(현감) : 조선 시대에 작은 고을의 우두머리 벼슬아치. 縣治(현치) : 현의 행정.
- 필순 | 丨 冂 冃 目 且 县 県 県 県 県 縣 縣 縣

63일 家給千兵 (가급천병)

제후국에 일천 군사를 주어 그의 집을 호위하였다.

家 집 가
- **쓰임**: 大家(대가) : 학문·예술 등에 뛰어난 권위를 이룬 사람.
- **필순**: 丶 丶 宀 宀 宁 宁 宇 豖 豖 家

給 줄 급
- **쓰임**: 給食(급식) : 식사를 제공함. 給水(급수) : 물을 공급함.
- **필순**: 丿 ㄥ ㄠ 幺 幺 糸 糸 糸 紒 紒 給 給

千 일천 천
- **쓰임**: 千里眼(천리안) : 천 리 밖의 것을 볼 수 있는 안력. 千秋(천추) : 오랜 세월.
- **필순**: 丿 一 千

兵 군사 병
- **쓰임**: 兵器(병기) : 전쟁에 쓰는 기구의 총칭. 兵卒(병졸) : 군사.
- **필순**: 丿 丨 ㇀ 斤 丘 乒 兵

64일 高冠陪輦 (고관배련)

고관들이 높은 관을 쓰고 임금의 수레를 모시고 간다.

高 높을 고
- 쓰임: 高價(고가): 비싼 값. 高見(고견): 훌륭한 의견.
- 필순: ` 亠 亣 宁 古 声 高 高 高 高

冠 갓 관
- 쓰임: 衣冠(의관): 옷옷과 관.
- 필순: ` 冖 冖 宀 字 完 完 冠 冠

陪 모실 배
- 쓰임: 陪審(배심): 배심원이 심리나 기소에 참가하는 일.
- 필순: ` 阝 阝 阝 阝 陪 陪 陪 陪 陪

輦 손수레 련
- 쓰임: 輦輿(연여): 임금이 타는 수레.
- 필순: 一 二 キ 夫 夫 夫 共 扶 扶 替 替 替 輦

64일 驅轂振纓 (구곡진영)

수레가 달리는데 갓끈이 흔들리니 위엄이 있다.

驅 몰 구

쓰임 | 驅使(구사) : 사람이나 동물을 몰아서 부림. 驅步(구보) : 달음박질.

필순 | 丨 丆 丅 FF 馬 馬 馬 馬 馬 馬 馬 馬 馬 馬 馬 驅 驅

轂 바퀴 곡

쓰임 | 轂轉(곡전) : 수레의 바퀴통처럼 돎.

필순 | 一 十 土 士 吉 声 吉 吉 吉 壴 壴 軎 軎 軎 軎 轂

振 떨칠 진

쓰임 | 振幅(진폭) : 진동하는 폭. 不振(부진) : 세력이 떨치지 못함.

필순 | 一 十 扌 扌 扩 护 护 拆 拆 振

纓 끈 영

쓰임 | 纓冠(영관) : 갓끈을 맴. 纓紳(영신) : 갓끈과 띠.

필순 | 乚 幺 幺 幺 糸 糸 糸 糸 糸 糸 糸 糸 糸 糸 纓 纓

65일 世祿侈富 (세록치부)

대대로 녹봉을 받는 그들은 사치스럽고 부유하다.

世 인간 세
- **쓰임**: 世界(세계) : 인류 사회 전체. 世孫(세손) : 임금의 맏손자.
- **필순**: 一 十 卋 卋 世

祿 녹 록
- **쓰임**: 祿俸(녹봉) : 옛날 나라에서 벼슬아치에게 주던 곡식·돈 따위의 총칭.
- **필순**: 一 二 丁 〒 禾 示 示 示 和 稈 稈 稈 祿 祿 (示=礻)

侈 사치할 치
- **쓰임**: 奢侈(사치) : 필요 이상으로 돈이나 물건을 씀.
- **필순**: 丿 亻 亻 伊 伊 侈 侈 侈

富 부자 부
- **쓰임**: 富強(부강) : 나라가 부유하고 강함. 致富(치부) : 부자가 될 정도의 재물을 모음.
- **필순**: 丶 宀 宀 宀 宁 宁 宁 宁 宫 富 富 富

65일 車駕肥輕 (거가비경)

수레를 끄는 말은 살이 찌고 튼튼하여
아무리 무거운 물건도 가볍게 끌 수 있었다.

車 수레 거
- 쓰임 | 車馬(거마) : 수레와 말. 車駕(거가) : 임금이 타는 수레.
- 필순 | 一 ㄏ 厃 百 亘 亘 車

駕 탈것 가
- 쓰임 | 駕轎(가교) : 임금이 타는 가마. 駕洛國(가락국) : 가야.
- 필순 | フ カ か 加 加 加 加 智 智 駕 駕 駕 駕 駕

肥 살찔 비
- 쓰임 | 肥大(비대) : 살이 쪄서 몸이 크고 뚱뚱함.
- 필순 | 丿 刀 月 月 肥 肥 肥 肥

輕 가벼울 경
- 쓰임 | 輕蔑(경멸) : 깔보고 업신여김. 輕重(경중) : 가벼움과 무거움.
- 필순 | 一 ㄏ 厃 百 亘 亘 車 車 軒 軒 軖 輕 輕 輕

66일 策功茂實 (책공무실)

공적의 기록이 왕성하고 충실하다.

策 꾀 책

쓰임 | 策動(책동) : 꾀를 부려서 남몰래 행동함. 上策(상책) : 가장 좋은 계책.

필순 | 策策策策策策策策策策策策

功 공 공

쓰임 | 功勞(공로) : 일에 애쓴 공적. 功過(공과) : 공로와 과오.

필순 | 一 丁 工 功 功

茂 무성할 무

쓰임 | 茂盛(무성) : 풀이나 나무가 우거짐. 茂林(무림) : 나무가 무성한 숲.

필순 | 茂茂茂茂茂茂茂茂

實 열매 실

쓰임 | 實費(실비) : 실지로 드는 비용. 口實(구실) : 핑계.

필순 | 實實實實實實實實實實實實實實

66일 勒碑刻銘 (늑비각명)

비를 세워 이름을 새겨서 그 공을 찬양하며 후세에 전하였다.

勒 새길 륵

- 쓰임 | 勒碑(늑비) : 비석에 글자를 새김. 勒石(늑석) : 돌에 글자를 새김.
- 필순 | 一 十 廿 廿 畄 芇 莒 莒 革 靪 勒

碑 비석 비

- 쓰임 | 碑銘(비명) : 비석에 새긴 글. 口碑(구비) : 대대로 전하여 내려오는 말.
- 필순 | 一 ア 石 石 石 石' 矿 碑 碑 碑 碑

刻 새길 각

- 쓰임 | 刻苦(각고) : 몹시 애씀. 時刻(시각) : 시간의 어느 한 시점.
- 필순 | 一 亠 亥 亥 亥 亥 刻 刻

銘 새길 명

- 쓰임 | 銘心(명심) : 잊지 않게 마음에 깊이 새김.
- 필순 | 丿 人 人 仝 牟 全 金 金 釒 釒 釒 銘 銘

67일 磻溪伊尹 (반계이윤)

주나라 문왕은 반계에서 강태공을 맞고,
은나라 탕왕은 신야에서 이윤을 맞이하였다.

磻 강 이름 반	쓰임	磻溪(반계) : 위수로 흘러가는 성서성에 있는 강. 강태공이 낚시질을 하던 곳.
	필순	一 ナ 厂 石 石 石 石' 石' 石' 石' 石' 石' 矿 矿 磻 磻 磻

溪 시내 계	쓰임	溪谷(계곡) : 개울이 흐르는 골짜기. 碧溪(벽계) : 물빛이 푸르게 보이는 맑은 시내.
	필순	丶 氵 氵 氵 氵 氵 氵 氵 浐 浐 溪 溪 溪

伊 저 이	쓰임	伊太利(이태리) : 이탈리아의 한자음. 伊時(이시) : 그때.
	필순	丿 亻 亻' 伊 伊 伊

尹 벼슬 윤	쓰임	京兆尹(경조윤) : 중국 한나라 때에 수도를 지키며 다스리던 벼슬.
	필순	フ ㄱ ㅋ 尹

67일 佐時阿衡 (좌시아형)

당시의 어지러운 세상을 구해서 아형(재상)이 되었다.
아형은 상나라 시대의 벼슬 이름. 이윤은 탕왕의 아형이다.
탕왕을 도와 하나라의 폭군 걸왕을 타도하고 은나라를 일으켰다.

佐 도울 좌
- **쓰임** | 補佐(보좌) : 자기보다 지위가 높은 사람의 일을 도와줌.
- **필순** | ノ 亻 亻 仁 佐 佐 佐

時 때 시
- **쓰임** | 時局(시국) : 당면한 국내 및 국제 정세. 時速(시속) : 한 시간에 달리는 속도.
- **필순** | 丨 冂 日 日 日一 日十 旷 旷 時 時

阿 언덕 아
- **쓰임** | 阿附(아부) : 비위를 맞추고 알랑거림. 阿兄(아형) : 형을 친밀하게 부르는 말.
- **필순** | ' 了 阝 阝 阝 阿 阿 阿

衡 저울대 형
- **쓰임** | 均衡(균형) : 어느 쪽도 치우침이 없이 고름.
- **필순** | ' ㇒ 彳 彳 彳 衎 衎 衎 衎 衡 衡 衡 衡 衡 衡

68일 奄宅曲阜 (엄택곡부)

주공의 공에 보답하는 마음으로 노국을 봉한 후 곡부에다 궁전을 세웠다.

奄 문득 엄
- **쓰임**: 奄忽(엄홀) : 문득, 갑자기.
- **필순**: 一 ナ 大 木 木 卉 卉 奄 奄

宅 집 택
- **쓰임**: 宅配(택배) : 집에 배달함.
- **필순**: 丶 宀 宀 宅 宅

曲 굽을 곡
- **쓰임**: 曲線(곡선) : 구부러진 선. 曲折(곡절) : 구부러지고 꺾임.
- **필순**: 丨 冂 巾 曲 曲 曲

阜 언덕 부
- **쓰임**: 丘阜(구부) : 언덕.
- **필순**: 丿 亻 亇 阝 阜 自 皁 阜

68일 微旦孰營 (미단숙영)

주공이 아니면 누가 그곳을 경영했겠는가?

| 微 작을 미 | 쓰임 | 微力(미력) : 작은 힘. 微笑(미소) : 소리를 내지 아니하고 가볍게 웃음. |
| | 필순 | 丿 彳 彳 彳 彳 彳 彳 微 微 微 微 微 |

| 旦 아침 단 | 쓰임 | 元旦(원단) : 설날 아침. 旦暮(단모) : 아침과 저녁. |
| | 필순 | 丨 冂 日 日 旦 |

| 孰 누구 숙 | 쓰임 | 孰若(숙약) : 양쪽을 비교해서 의문을 나타낼 때 쓰는 말. |
| | 필순 | 丶 亠 亠 亠 亨 亨 享 孰 孰 孰 |

| 營 경영 영 | 쓰임 | 營利(영리) : 재산상의 이익을 도모함. 兵營(병영) : 군대가 들어가 거처하는 곳. |
| | 필순 | 丶 丷 火 火 炏 炏 烘 熒 熒 營 營 營 營 |

69일 桓公匡合 (환공광합)

제나라 환공은 천하를 바로잡아 제후들을 모았다.

桓 굳셀 환
- **쓰임**: 桓桓(환환): 굳센 모양. 盤桓(반환): 머뭇거려 멀리 떠나지 않음.
- **필순**: 一 十 十 木 木 栢 桓 桓 桓 桓

公 공평할 공
- **쓰임**: 公益(공익): 공공의 이익. 公正(공정): 공평하고 올바름.
- **필순**: 丿 八 公 公

匡 바를 광
- **쓰임**: 匡正(광정): 바로잡아 고침.
- **필순**: 一 匚 匚 匡 匡 匡

合 모을 합
- **쓰임**: 合計(합계): 합하여 셈함. 合理(합리): 이론·이치·실제의 형편에 맞음.
- **필순**: 丿 人 人 合 合 合

69일 濟弱扶傾 (제약부경)

약한 나라를 구제하고 기울어지는 제신을 도와서 붙들어 주었다.

濟 건널 제
- **쓰임** | 濟世(제세) : 세상의 폐해를 없애고 사람을 고난에서 건져 줌.
- **필순** | ` ` ` ` ` ` ` ` ` ` 氵 氵 氵 氵 氵 氵 氵 氵 濟 濟 濟

弱 약할 약
- **쓰임** | 弱冠(약관) : 20세의 남자. 老弱(노약) : 늙은이와 젊은이.
- **필순** | 弓 弓 弓 弓 弱 弱 弱 弱 弱

扶 도울 부
- **쓰임** | 扶養(부양) : 생활 능력이 없는 가족을 먹이고 입힘. 扶助(부조) : 도와줌.
- **필순** | 一 † 扌 扌 扌 扶 扶

傾 기울 경
- **쓰임** | 傾斜(경사) : 비스듬히 기울어짐.
- **필순** | ノ 亻 亻 亻 化 化 佰 佰 佰 傾 傾 傾

70일 綺回漢惠 (기회한혜)

네 명의 현인이 한나라 태자의 지위를 회복시켰다.
태자는 한나라를 세운 유방의 아들을 말한다.

綺 비단 기

- **쓰임**: 綺語(기어) : 교묘하게 꾸며 대는 말. 綺窓(기창) : 비단으로 꾸민 창.
- **필순**: 丿 𠂉 幺 幺 糸 糸 紀 紵 紵 絝 綺 綺 綺

回 돌아올 회

- **쓰임**: 回顧(회고) : 돌아봄. 回附(회부) : 돌려보내거나 넘김.
- **필순**: 丨 冂 冋 冋 回 回

漢 한나라 한

- **쓰임**: 漢方(한방) : 중국에서 전해 온 의술. 漢詩(한시) : 한자로 된 시.
- **필순**: 丶 氵 氵 汀 汁 沽 漌 漌 漌 漌 漢 漢

惠 은혜 혜

- **쓰임**: 惠澤(혜택) : 은혜와 덕택. 惠政(혜정) : 인자한 정치.
- **필순**: 一 ㄏ 亓 百 亩 車 車 車 車 恵 惠 惠

70일 說感武丁 (열감무정)

부열은 무정의 꿈에 나타나 그를 감동시켰다.
열(說)은 부열의 이름이고 무정은 은나라 고종을 말한다.

說 기쁠 열/말씀 설

- **쓰임**: 說樂(열락): 기쁘고 즐거움. 說明(설명): 풀이하여 밝힘.
- **필순**: 丶 亠 亖 言 言 言 訁 訪 訪 說 說 說 說

感 느낄 감

- **쓰임**: 感激(감격): 느껴서 마음이 몹시 움직임. 感謝(감사): 고맙게 여김.
- **필순**: 丿 厂 厂 厂 戶 咸 咸 咸 咸 感 感 感

武 무사 무

- **쓰임**: 武器(무기): 전쟁에 쓰는 기구. 武勇(무용): 굳세고 용감함.
- **필순**: 一 二 千 千 正 正 武 武

丁 장정 정

- **쓰임**: 兵丁(병정): 군인. 園丁(원정): 정원을 맡아 보살피는 사람.
- **필순**: 一 丁

71일 俊乂密勿 (준예밀물)

탁월하고 어진 인재들이 빽빽이 모여 서로 돕다.

俊 준걸 준

쓰임 | 俊秀(준수) : 재주·슬기·풍채가 남달리 빼어남. 英俊(영준) : 영민하고 준수함.

필순 | ノ 亻 亻 仫 仫 仫 俊 俊 俊

乂 어질 예

쓰임 | 乂安(예안) : 평안하게 다스려짐. 俊乂(준예) : 매우 훌륭한 인재를 이르는 말.

필순 | ノ 乂

密 빽빽할 밀

쓰임 | 密封(밀봉) : 단단히 봉함. 稠密(조밀) : 매우 촘촘하고 빽빽함.

필순 | 丶 宀 宀 宀 宓 宓 宓 宓 密 密

勿 말 물

쓰임 | 勿論(물론) : 말할 것도 없음.

필순 | ノ 勹 勿 勿

71일 多士寔寧 (다사식녕)

많은 인재들이 있어서 천하가 참으로 평안하다.

多 많을 다
- **쓰임**: 多寡(다과): 많음과 적음. 多忙(다망): 매우 바쁨.
- **필순**: ノ ク タ タ 多 多

士 선비 사
- **쓰임**: 士氣(사기): 굴하지 않는 씩씩한 기세. 軍士(군사): 병사.
- **필순**: 一 十 士

寔 이 식
- **쓰임**: 관형사로 독립적인 쓰임은 없다. 여기서는 '참으로', '진실로'의 의미.
- **필순**: 丶 丶 宀 宀 宀 宁 宙 宣 寔 寔 寔 寔

寧 편안할 녕
- **쓰임**: 寧日(영일): 편안한 날. 康寧(강녕): 건강하고 편안함.
- **필순**: 丶 丶 宀 宀 宁 宁 宁 宇 寍 寍 寍 寧 寧 寧

72일 晋楚更霸 (진초갱패)

진과 초가 다시 으뜸이 되니 진나라의 문공과
초나라의 장왕이 어진 정사를 폈기 때문이다.

晋 진나라 진

- 쓰임 | 晋秩(진질) : 직품 또는 관직 이름.
- 필순 | 一 丆 丌 邧 邧 퍞 冴 픞 픞 픞 픞

楚 초나라 초

- 쓰임 | 楚歌(초가) : 초나라의 노래.
- 필순 | 一 十 才 木 木 朴 材 林 林 梺 梺 梺 楚 楚

更 다시 갱

- 쓰임 | 更生(갱생) : 죽을 지경에서 다시 살아남.
- 필순 | 一 丆 丌 百 百 更 更

霸 으뜸 패

- 쓰임 | 霸權(패권) : 으뜸의 자리를 차지하는 권리. 制霸(제패) : 패권을 잡음.
- 필순 | 一 二 冂 冃 冃 冎 雨 雨 雨 雪 雪 雪 霸 霸 霸

72일 趙魏困橫 (조위곤횡)

조나라와 위나라는 연횡책 때문에 곤란해졌다.
연횡책은 장의가 여섯 나라를 동서로 연결하여
진나라를 섬겨야 한다고 주장한 것을 말한다.

나라 조

쓰임 | 趙光祖(조광조) : 조선 시대의 학자. 趙岐(조기) : 중국 후한 시대의 학자.
필순 | 一 十 土 耂 耂 丰 走 走 赴 赳 赳 趙 趙 趙

魏 나라 이름 위

쓰임 | 魏志(위지) : 중국 삼국 시대 때 위나라의 역사책.
필순 | 一 二 千 千 禾 禾 委 委 委 委' 委' 魏 魏 魏 魏 魏

곤할 곤

쓰임 | 困窮(곤궁) : 가난하고 곤란함. 貧困(빈곤) : 가난하여 살기가 어려움.
필순 | 丨 冂 冂 円 用 用 困

가로 횡

쓰임 | 橫斷(횡단) : 가로 지나감. 橫步(횡보) : 모로 걷는 걸음.
필순 | 一 十 扌 木 木 朽 栌 栌 椎 構 構 橫 橫 橫

73일 假途滅虢 (가도멸괵)

우(虞)나라의 길을 빌려서 괵나라를 멸망시켰다.

假 거짓 가
- **쓰임**: 假裝(가장) : 거짓 꾸밈. 假稱(가칭) : 임시로 일컬음.
- **필순**: 丿 亻 亻 伊 伊 伊 伊 伊 假 假

途 길 도
- **쓰임**: 途中(도중) : 길을 가고 있는 동안. 前途(전도) : 앞으로 갈 길.
- **필순**: 丿 人 へ 今 今 余 余 涂 涂 途

滅 멸할 멸
- **쓰임**: 滅亡(멸망) : 망하여 없어짐. 消滅(소멸) : 사라져 없어지거나 없앰.
- **필순**: 丶 丶 氵 氵 氵 沪 沪 沪 滅 滅 滅 滅

虢 비낄 괵
- **쓰임**: 虢國夫人(괵국부인) : 양귀비의 언니, 화장을 하지 않은 미모의 얼굴로 천자를 뵈었다 함.
- **필순**: 丶 ヽ ヽ 𠂉 二 手 手 乎 乎 乎 虐 虐 虢 虢 虢

73일 踐土會盟 (천토회맹)

진나라 문공은 제후들을 천토에 모아 맹세를 하게 했다.
패자가 된 진의 문공은 제후를 천토에 모은 뒤 주나라 천자를
섬기겠다는 맹세를 하게 했다.

踐 밟을 천
- 쓰임: 踐極(천극): 임금의 자리를 이음. 實踐(실천): 실제로 행함.
- 필순: 丨 ㅁ ㅁ ㅁ 몯 몯 몯 足 趺 践 践 踐 踐 踐 踐

土 흙 토
- 쓰임: 土窟(토굴): 땅속으로 파낸 굴. 國土(국토): 국가의 영토.
- 필순: 一 十 土

會 모일 회
- 쓰임: 會社(회사): 영리 행위를 목적으로 설립된 사단 법인.
- 필순: 丿 人 亼 亼 合 佥 佥 命 命 會 會 會 會

盟 맹서 맹
- 쓰임: 盟誓(맹서): 장래를 두고 다짐하여 약속함.
- 필순: 丨 冂 日 日 旪 明 明 明 明 明 盟 盟 盟

74일 何遵約法 (하준약법)

소하는 한고조와 더불어 약법 삼장을 만들어 준수케 하였다.

何 어찌 하
- 쓰임 | 何時(하시): 어느 때. 언제. 何如間(하여간): 어찌하든지 간에. 어쨌든.
- 필순 | ノ 亻 亻 仁 仃 何 何

遵 좇을 준
- 쓰임 | 遵守(준수): 법령을 좇음. 遵行(준행): 그대로 따라 행함.
- 필순 | ⺍ 酋 酋 尊 尊 遵 遵 遵

約 언약 약
- 쓰임 | 約婚(약혼): 결혼하기로 약속함.
- 필순 | 乙 幺 幺 糸 糸 糸 約 約

法 법 법
- 쓰임 | 法度(법도): 본보기가 될 만한 태도. 說法(설법): 불법을 풀어 밝힘.
- 필순 | 丶 氵 氵 汁 汁 法 法

74일 韓弊煩刑 (한폐번형)

한비는 진왕을 달래어 형벌을 펴다가 그 형벌에 죽었다.

韓 나라 한

- **쓰임**: 韓人(한인) : 한국 사람. 韓藥(한약) : 한방에서 쓰는 약.
- **필순**: 一 十 十 古 古 直 卓 卓' 卓" 卓 卓 韓 韓 韓 韓

弊 해질 폐

- **쓰임**: 弊端(폐단) : 해롭고 번거로운 일. 疲弊(피폐) : 지치고 쇠약해짐.
- **필순**: ' '' 亻 行 佣 佣 㡀 㡀 敝 敝 弊 弊

煩 번거로울 번

- **쓰임**: 煩惱(번뇌) : 마음이 시달려서 괴로움. 煩雜(번잡) : 번거롭고 답답함.
- **필순**: ' '' 少 火 炉 炉 灯 炬 烦 烦 煩 煩

刑 형벌 형

- **쓰임**: 刑法(형법) : 범죄와 형벌에 관한 법. 刑事(형사) : 형법의 적용을 받는 사건.
- **필순**: 一 二 Ŧ 开 刑 刑

75일 起翦頗牧 (기전파목)

백기와 왕전은 진나라 장수요, 염파와 이목은 조나라 장수였다.

起 일어날 기
쓰임 | 起草(기초) : 글의 초안을 잡음. 再起(재기) : 다시 일어남.
필순 | 一 十 土 キ キ キ 走 走 起 起 起

翦 자를 전
쓰임 | 翦斷(전단) : 끊음. 翦伐(전벌) : 나무를 벰.
필순 | 丶 丷 艹 艹 艹 並 前 前 前 前 前 翦 翦 翦

頗 자못 파
쓰임 | 頗多(파다) : 자못 많음. 偏頗(편파) : 공정하지 못하고 한쪽으로 치우침.
필순 | 一 厂 广 皮 皮 皮 皮 皮 頗 頗 頗 頗 頗

牧 칠 목
쓰임 | 牧童(목동) : 풀을 뜯기어 가축을 치는 아이. 牧畜(목축) : 가축을 기르는 일.
필순 | 丿 丶 丶 牛 牛 牜 牧 牧

75일 用軍最精 (용군최정)

군사를 부리는 데 있어서 가장 치밀하고 능란했다.

用 쓸 용
- **쓰임**: 用途(용도) : 쓰이는 곳. 公用(공용) : 공적 목적에 사용함.
- **필순**: ノ 几 凡 月 用

軍 군사 군
- **쓰임**: 軍備(군비) : 국방상의 군사 설비. 軍樂(군악) : 군대에서 쓰이는 음악.
- **필순**: 一 冖 冖 冖 冑 冒 宣 軍

最 가장 최
- **쓰임**: 最大(최대) : 가장 큼. 最善(최선) : 가장 좋음.
- **필순**: 丨 冂 冂 日 旦 早 昌 昌 冕 最 最

精 정할 정
- **쓰임**: 精潔(정결) : 깨끗하고 조촐함. 精通(정통) : 깊고 자세히 앎.
- **필순**: 丶 丷 半 米 米 米 籵 精 精 精 精

76일 宣威沙漠 (선위사막)

장수로서 그 위엄은 멀리 사막에까지 퍼졌다.

宣 베풀 선
- 쓰임 | 宣言(선언) : 일반 사람한테 밝혀 말함. 宣布(선포) : 세상에 널리 알림.
- 필순 | 丶 丶 宀 宁 宁 宁 宣 宣 宣

威 위엄 위
- 쓰임 | 威信(위신) : 위엄과 신의. 威脅(위협) : 으르고 협박함.
- 필순 | 丿 厂 厂 厂 反 反 威 威 威

沙 모래 사
- 쓰임 | 沙漠(사막) : 생물이 거의 자라지 못하는 모래와 자갈로 된 땅.
- 필순 | 丶 氵 氵 汀 沙 沙 沙

漠 아득할 막
- 쓰임 | 漠然(막연) : 아득함. 漠漠(막막) : 넓고 아득함.
- 필순 | 丶 氵 氵 氵 沪 沪 沪 淖 淖 淖 漠 漠

76일 馳譽丹青 (치예단청)

그 명예를 살아 있을 때뿐 아니라 사후에도 길이
빛내기 위하여 초상을 기린각에 그렸다.

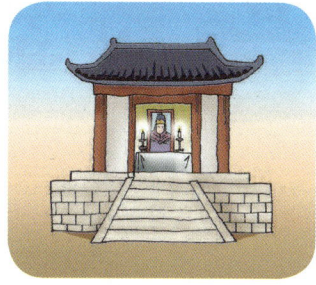

馳 달릴 치

쓰임 | 馳突(치돌) : 힘차게 돌진함. 驅馳(구치) : 말이나 수레 따위를 빨리 몰아 달림.

필순 | 丨 𠂆 F F F 馬 馬 馬 馬 馬 馬 馳 馳

馳 馳 馳

譽 칭찬할 예

쓰임 | 榮譽(영예) : 빛나는 명예. 名譽(명예) : 세상에서 훌륭하다고 일컬어지는 이름.

필순 | 𠂆 F F F 𦥑 𦥑 𦥑 𦥑 𦥑 舁 與 與 譽 譽 譽 譽 譽

譽 譽 譽

丹 붉을 단

쓰임 | 丹心(단심) : 속에서 우러나오는 정성스러운 마음.

필순 | 丿 冂 月 丹

丹 丹 丹

青 푸를 청

쓰임 | 青雲(청운) : 푸른 구름. 높은 이상이나 벼슬. 青春(청춘) : 스무 살 안팎의 젊은이.

필순 | 一 二 丰 主 丰 青 青 青

青 青 青

77일 九州禹跡 (구주우적)

하우씨(하나라의 우임금)가 구주를 분별하니
기·연·청·서·양·예·형·옹·동이다.

九 아홉 구
- 쓰임 | 九重(구중) : 여러 겹. 九牛一毛(구우일모) : 많은 가운데서 아주 적은 것.
- 필순 | 丿 九

州 고을 주
- 쓰임 | 州郡(주군) : 주와 군의 뜻으로, 지방을 일컬음.
- 필순 | 丶 丿 丬 丬丨 州 州

禹 우임금 우
- 쓰임 | 禹王(우왕) : 중국 고대의 제왕. 禹域(우역) : 중국 본토를 다르게 부르는 말.
- 필순 | 丿 𠂉 𠂆 𠂊 𠂋 禹 禹 禹

跡 자취 적
- 쓰임 | 人跡(인적) : 사람의 발자취. 追跡(추적) : 뒤를 밟아 좇음.
- 필순 | 丶 口 口 𤴔 𤴔 𤴔 𤴔 跡 跡 跡 跡 跡

77일 百郡秦幷 (백군진병)

진나라는 백 군을 통합했다.
100군은 중국 전체를 가리킨다.

百 일백 백

- **쓰임**: 百穀(백곡): 여러 가지 곡식. 百姓(백성): 일반 국민.
- **필순**: 一 ア 丆 百 百 百

郡 고을 군

- **쓰임**: 郡民(군민): 고을에 사는 사람들. 隣郡(인군): 이웃 고을.
- **필순**: ㄱ ㅋ ㅋ 尹 尹 君 君 君' 君阝 郡

秦 진나라 진

- **쓰임**: 秦晋(진진): 중국 춘추 시대의 '진(秦), 진(晋)' 두 나라.
- **필순**: 一 二 三 丰 夫 夫 表 奉 秦 秦

幷 아우를 병

- **쓰임**: 幷合(병합): 합하여 하나로 함. 幷呑(병탄): 아울러 삼킴.
- **필순**: ' ⺈ ⺈ 幵 幵' 幵' 幵⁻ 幷

78일 嶽宗恒岱 (악종항대)

오악은 동쪽의 태산, 서쪽의 화산, 남쪽의 형산, 북쪽의 항산, 중앙의 숭산이니, 그중에 항산과 태산이 으뜸이라.

嶽 산마루 악
- 쓰임 | 山嶽(산악) : 높고 큰 산들.
- 필순 | 　　山　产　产　产　峃　峃　崙　嶽　嶽　嶽　嶽

宗 마루 종
- 쓰임 | 宗廟(종묘) : 임금의 조상을 모시는 사당.
- 필순 | 　　宀　宁　宇　宇　宗　宗

恒 항상 항
- 쓰임 | 恒久(항구) : 바뀌지 않고 오래감. 恒心(항심) : 언제나 지니고 있는 떳떳한 마음.
- 필순 | 　　十　忄　忄　忄　恒　恒　恒

岱 대산 대
- 쓰임 | 岱山(대산) : 중국 오악(五嶽)의 하나, 태산(泰山)의 다른 이름.
- 필순 | 　イ　什　代　代　代　岱　岱

78일 禪主云亭 (선주운정)

새로운 왕조를 연 임금은 태산에 올라가 하늘의 신에게 제사를 드리고, 태산 곁에 있는 운운산과 정정산에서 땅의 신에게 제사를 올렸다.

禪 터 닦을 선
- 쓰임 | 禪位(선위) : 임금이 왕위를 물려줌. 參禪(참선) : 선도에 들어가 수행함.
- 필순 | 一 二 テ テ 示 示 祀 祀 祀 神 神 禪 禪 禪 (示=礻)

主 임금 주
- 쓰임 | 自主(자주) : 남의 힘을 빌리거나 간섭을 받지 아니함.
- 필순 | 丶 亠 宀 主 主

云 이를, 구름 운
- 쓰임 | 云云(운운) : 이러이러하다고 말함. 云謂(운위) : 일러 말함.
- 필순 | 一 二 テ 云

亭 정자 정
- 쓰임 | 亭子(정자) : 경치가 좋은 곳에 놀거나 쉬기 위하여 지은 집.
- 필순 | 丶 亠 亠 宀 宀 声 亭 亭 亭

79일 雁門紫塞 (안문자새)

안문은 새도 넘어가지 못한다고 하는 높은 산이며, 자새는 만리장성이다.

雁 기러기 안

쓰임 | 雁行(안행) : 기러기가 줄지어 낢. 孤雁(고안) : 외로운 기러기.

필순 | ノ 厂 厂 厂 厂 厂 厂 厂 厂 雁 雁 雁

門 문 문

쓰임 | 門下(문하) : 스승이 가르치는 마당. 同門(동문) : 한 스승의 문하생.

필순 | l l' l'' l''' l''' 門 門 門

紫 붉을 자

쓰임 | 紫外線(자외선) : 태양 광선의 스펙트럼을 통해 볼 때 자주색 밖에 있는 복사선.

필순 | l ト ト ト ト 比 些 紫 紫 紫 紫

塞 변방 새

쓰임 | 要塞(요새) : 국방상 중요한 지점에 구축하여 놓은 튼튼한 군사적 방어 시설.

필순 | ` ´ 宀 宀 宀 宀 宀 寒 寒 寒 塞

79일 鷄田赤城 (계전적성)

계전은 옹주에 있고 적성은 기주에 있다.

鷄 닭 계	쓰임	鷄冠(계관) : 닭의 볏. 鷄口(계구) : 닭의 입.
	필순	⺈ ⺈ ⺈ ⺈ 爫 爫 爫 奚 奚 奚 鷄 鷄 鷄 鷄 鷄 鷄

田 밭 전	쓰임	田畓(전답) : 논과 밭. 田園(전원) : 논밭과 동산.
	필순	丨 冂 冊 用 田

赤 붉을 적	쓰임	赤信號(적신호) : 교통 기관의 정지 신호. 赤字(적자) : 지출이 수입보다 많은 일.
	필순	一 十 土 ≠ 才 赤 赤

城 재 성	쓰임	城郭(성곽) : 내성(內城)과 외성(外城) 전부.
	필순	一 十 土 圠 圢 圻 城 城 城

80일 昆池碣石 (곤지갈석)

곤지는 운남 곤명현에 있고 갈석은 부평현에 있다.

昆 맏 곤

- 쓰임 | 昆季(곤계) : 형제. 昆蟲(곤충) : 벌레의 총칭.
- 필순 | 丶 冂 日 日 昆 昆 昆

池 연못 지

- 쓰임 | 池塘(지당) : 연못. 池魚之殃(지어지앙) : 뜻하지 않은 재앙이나 화재를 이르는 말.
- 필순 | 丶 氵 氵 汁 池 池

碣 돌 갈

- 쓰임 | 墓碣(묘갈) : 묘 앞에 세우는 동그스름한 작은 돌비.
- 필순 | 一 厂 石 石 石 石 石 石 碣 碣 碣 碣

石 돌 석

- 쓰임 | 石淸(석청) : 산속의 나무나 돌 사이에 벌이 모아 둔 꿀. 萬石(만석) : 일만 섬.
- 필순 | 一 厂 丆 石 石

80일 鉅野洞庭 (거야동정)

거야는 위나라의 땅으로 거록군의 드넓은 들이고
동정은 호남성에 있는 중국 제일의 호수이다.

鉅 클 거
- **쓰임**: 鉅萬(거만) : 아주 많은 것. 鉅費(거비) : 많은 비용.
- **필순**: ノ 𠂉 𠂉 𠂊 午 乍 金 釒 釕 鉅 鉅 鉅

野 들 야
- **쓰임**: 野山(야산) : 들 근처의 나지막한 산. 野生(야생) : 산이나 들에서 절로 나고 자람.
- **필순**: 丨 冂 冂 日 旦 甲 里 野 野 野 野

洞 고을 동
- **쓰임**: 洞里(동리) : 마을. 洞窟(동굴) : 깊고 넓은 굴.
- **필순**: 丶 冫 氵 氵 汀 汀 洞 洞 洞

庭 뜰 정
- **쓰임**: 庭園(정원) : 집 안의 뜰과 꽃밭. 校庭(교정) : 학교의 마당이나 운동장.
- **필순**: 丶 亠 广 广 庐 庐 庐 庭 庭

81일 曠遠綿邈 (광원면막)

산과 벌판, 그리고 호수 등이 막막하게 멀리 있다.

曠 넓을 광
- **쓰임**: 曠古(광고) : 전례가 없음. 曠年(광년) : 오랜 세월.
- **필순**: 丨 冂 日 旷 旷 旷 旷 旷 旷 曠 曠 曠 曠

遠 멀 원
- **쓰임**: 遠景(원경) : 멀리서 바라본 경치. 遠征(원정) : 멀리 치러 감.
- **필순**: 一 十 土 士 吉 吉 吉 袁 袁 袁 遠 遠 遠

綿 솜 면
- **쓰임**: 綿綿(면면) : 오랫동안 계속하여 끊어지지 않는 모양.
- **필순**: 丶 幺 幺 幺 糸 糸 糸 紗 綿 綿 綿 綿

邈 멀 막
- **쓰임**: 邈然(막연) : 아득한 모양.
- **필순**: 丶 夕 夕 夕 豸 豸 豸 豸 豸 貌 貌 邈 邈 邈

81일 巖峀杳冥 (암수묘명)

큰 바위와 멧부리가 묘연하고 아득하다.

巖 바위 암
쓰임: 巖窟(암굴): 바위에 뚫린 굴. 巖壁(암벽): 깎아지른 듯이 험하게 솟은 바위.
필순: 丨 凵 屵 屵 屵 屵 屵 屵 嚴 嚴 嚴 嚴 巖 巖 巖 巖

峀 산굴 수
쓰임: 峀居(수거): 산의 동굴에서 삶. 峀室(수실): 산의 동굴 속의 방.
필순: 丨 凵 山 屵 屵 峀 峀 峀

杳 아득할 묘
쓰임: 杳然(묘연): 소식이 없어 행방을 알 수 없음. 杳冥(묘명): 아득하고 어두움.
필순: 一 十 才 木 杏 杏 杳

冥 어두울 명
쓰임: 冥想(명상): 고요히 눈을 감고 생각함. 冥福(명복): 죽은 뒤 저승에서 받는 행복.
필순: 丶 冖 冖 宀 冝 冝 冝 冥 冥 冥

82일 治本於農 (치본어농)

다스리는 것은 농사를 근본으로 한다. 즉, 중농정치를 말한다.

治 다스릴 치
- 쓰임 | 治國(치국) : 나라를 다스림. 法治(법치) : 법률에 따라 다스림.
- 필순 | 丶 ⺀ 氵 氵 氵 氵 治 治

本 근본 본
- 쓰임 | 本店(본점) : 영업의 본거지가 되는 점포. 製本(제본) : 책을 매어서 꾸밈.
- 필순 | 一 十 ォ 木 本

於 어조사 어
- 쓰임 | 於是乎(어시호) : 이에 있어서.
- 필순 | 丶 亠 方 方 於 於 於

農 농사 농
- 쓰임 | 農耕(농경) : 논밭을 갊. 農産物(농산물) : 농사를 지어 생산한 곡식 따위.
- 필순 | 丶 口 曲 曲 曲 芇 芇 芇 芇 農 農 農

82일 務茲稼穡 (무자가색)

때를 맞추어 심고 거두는 데 힘써야 한다.

務 힘쓸 무	쓰임	公務(공무) : 공적인 사무.　義務(의무) : 반드시 실행해야 할 일.
	필순	㇀ ㇇ ㇌ 予 矛 矛 矛 矛 矛 務 務

茲 이 자	쓰임	今茲(금자) : 금년.　來茲(내자) : 내년.
	필순	㇀ ㇇ 亠 玄 玄 玄 玄 茲 茲 茲

稼 심을 가	쓰임	稼器(가기) : 농사에 쓰이는 기구.
	필순	㇀ ㇇ 千 禾 禾 禾 禾 秒 秒 秒 秒 稼 稼 稼

穡 거둘 색	쓰임	稼穡(가색) : 농사.　穡夫(색부) : 농사를 짓는 사람.
	필순	㇀ ㇇ 千 禾 禾 禾 利 秘 秘 穡 穡 穡 穡

83일 俶載南畝 (숙재남무)

봄이 되면 비로소 농부들은 들로 나가
남쪽 양지바른 이랑부터 씨를 뿌리기 시작한다.

俶 비로소 숙
쓰임 | 俶獻(숙헌) : 처음으로 바침.
필순 | ノ 亻 亻 㐅 仆 什 付 休 俶 俶

載 실을 재
쓰임 | 連載(연재) : 신문이나 잡지 따위에, 소설이나 기사 따위를 연속해서 싣는 일.
필순 | 一 十 土 圭 卉 吉 壴 壹 車 載 載 載

南 남녘 남
쓰임 | 南韓(남한) : 중부 이남의 한국. 南向(남향) : 남쪽을 향함.
필순 | 一 十 广 冂 肀 肀 宐 南 南

畝 이랑 무/묘
쓰임 | 田畝(전묘) : 밭이랑.
필순 | 丶 亠 广 古 市 亩 亩 畝 畝

83일 我藝黍稷 (아예서직)

나는 기장과 피를 심는 일에 열중하겠다.

我 나 아

쓰임 | 我執(아집) : 자기의 의견에만 사로잡혀 그것에만 쏠림.
필순 | ノ 二 亇 手 𢦏 我 我

藝 재주, 심을 예

쓰임 | 藝能(예능) : 재주와 기능. 園藝(원예) : 채소, 과일, 꽃 등을 가꾸는 일.
필순 | 艹 扌 圥 埶 䄳 藝 藝

黍 기장 서

쓰임 | 黍粟(서속) : 기장과 조. 黍禾(서화) : 기장.
필순 | ノ 二 千 禾 禾 黍 黍 黍

稷 피 직

쓰임 | 社稷(사직) : 옛날에 제사를 지내던, 토신(土神)인 사(社)와 곡신(穀神)인 직(稷).
필순 | ノ 二 千 禾 禾 秆 稍 稷 稷 稷

84일 稅熟貢新 (세숙공신)

익는 곡식으로 세금을 내고 햇곡식으로 제물을 올렸다.

稅 부세 세

쓰임 | 稅金(세금) : 조세로 바치는 돈. 稅收(세수) : 세금 수입.
필순 | 一 二 千 千 禾 禾 禾 和 秒 租 稅 稅

熟 익을 숙

쓰임 | 熟考(숙고) : 충분히 생각함. 能熟(능숙) : 능하고 익숙함.
필순 | ` 亠 ㅗ 냐 占 亨 享 享 孰 孰 孰 孰 熟 熟

貢 바칠 공

쓰임 | 貢物(공물) : 조정에 바치는 물건. 貢獻(공헌) : 힘을 들여 이바지함.
필순 | 一 丁 工 产 产 青 青 貢 貢

新 새 신

쓰임 | 新聞(신문) : 새로운 소식을 널리 세상에 알리기 위하여 찍어 내는 정기 간행물.
필순 | ` 亠 冖 立 立 辛 辛 亲 亲 新 新 新

84일 勸賞黜陟 (권상출척)

농민들 중 부지런한 사람에게는 상을 주고 게으른 사람은 내쳤다.

勸 권할 권
- 쓰임 | 勸告(권고) : 타일러 권함. 勸學(권학) : 학문에 힘쓰도록 권하여 장려함.
- 필순 | 勸

賞 상줄 상
- 쓰임 | 褒賞(포상) : 칭찬하여 상을 줌. 賞春(상춘) : 봄 경치를 구경하여 즐김.
- 필순 | 賞

黜 내칠 출
- 쓰임 | 黜放(출방) : 물리쳐 내쫓음. 廢黜(폐출) : 벼슬을 떼고 내침.
- 필순 | 黜

陟 오를 척
- 쓰임 | 進陟(진척) : 일이 진행되어 감.
- 필순 | 陟

85일 孟軻敦素 (맹가돈소)

맹자는 모친의 교훈으로 자사의 문하에서 배웠다.

孟 맏 맹

- 쓰임 | 孟母(맹모) : 맹자의 어머니.
- 필순 | 一 了 子 子 舌 舌 孟 孟

軻 사람 이름, 수레 가

- 쓰임 | 孟軻(맹가) : 맹자의 이름.
- 필순 | 一 ㄷ ㅍ ㅂ 亘 車 車 車 軻 軻 軻 軻

敦 도타울 돈

- 쓰임 | 敦篤(돈독) : 인정이 도타움.
- 필순 | ㆍ ㅗ ㅗ 亠 古 亨 亨 享 孰 孰 敦 敦

素 흴 소

- 쓰임 | 素服(소복) : 흰옷. 素朴(소박) : 꾸밈이 없이 그대로임.
- 필순 | 一 二 キ 主 丯 素 素 素 素 素

85일 史魚秉直 (사어병직)

사어란 사람은 위나라 재상으로 그 성품이 매우 강직하였다.

史 사기 사
- **쓰임**: 史蹟(사적) : 역사적으로 남아 있는 사물의 자취. 史話(사화) : 역사에 관한 이야기.
- **필순**: 丶 ㅁ ㅁ ㅂ 史

魚 물고기 어
- **쓰임**: 魚網(어망) : 물고기를 잡는 그물. 魚肉(어육) : 생선의 고기.
- **필순**: ノ ク ㄅ ㅻ ㅸ 舟 鱼 鱼 魚 魚 魚

秉 잡을 병
- **쓰임**: 秉權(병권) : 정권을 잡음. 秉燭(병촉) : 촛불을 밝힘.
- **필순**: ノ 二 ㅋ ㅋ ㅌ 事 秉 秉

直 곧을 직
- **쓰임**: 直接(직접) : 중간에 다른 것을 거치지 않고 바로.
- **필순**: 一 十 广 ㅜ 甴 肻 直 直

86일 庶幾中庸 (서기중용)

모든 일에 임할 때 한쪽으로 기울어지는 일을 해서는 안 된다.

庶 못 서

- **쓰임**: 庶官(서관): 모든 관리. 庶民(서민): 일반 사람들.
- **필순**: 丶 亠 广 广 庐 庐 庐 庐 庶 庶 庶

幾 거의 기

- **쓰임**: 幾何(기하): 얼마. 幾微(기미): 낌새.
- **필순**: 丿 幺 幺 幺 幺 幺 幺 幾 幾 幾 幾

中 가운데 중

- **쓰임**: 中間(중간): 가운데, 중앙. 集中(집중): 한곳을 중심으로 하여 모이거나 모음.
- **필순**: 丨 口 口 中

庸 쓸 용

- **쓰임**: 登庸(등용): 인재를 골라 뽑아서 씀.
- **필순**: 丶 亠 广 广 广 庐 庐 庸 庸 庸 庸

86일 勞謙謹勅 (노겸근칙)

부지런히 일하고 겸손하며 삼가고 경계하여야 한다.

勞 수고로울 로
- 쓰임: 勞苦(노고) : 힘들여 애쓰는 수고. 疲勞(피로) : 지침, 고단함.
- 필순: 丶 ノ ヽ 丷 ヅ ヅ 炒 炒 炊 榮 勞

謙 겸손할 겸
- 쓰임: 謙遜(겸손) : 남을 높이고 자기를 낮춤.
- 필순: 丶 一 丅 丅 亍 言 言 言 訁 訁 訁 謙 謙

謹 삼갈 근
- 쓰임: 謹愼(근신) : 삼가서 언행을 조심함. 謹賀(근하) : 삼가 축하함.
- 필순: 丶 一 丅 丅 亍 言 言 訁 訁 訁 訁 謹 謹 謹 謹

勅 칙서 칙
- 쓰임: 勅令(칙령) : 황제의 명령. 勅書(칙서) : 황제의 명령을 적은 문서.
- 필순: 一 ｢ 冂 日 甲 束 束 敕 勅

87일 聆音察理 (영음찰리)

소리를 듣고 그 거동을 살피니
조그마한 일이라도 주의하여야 한다.

聆 들을 령
- **쓰임**: 聆音(영음): 소리를 듣는 일. 聆聆(영령): 깨닫는 모양.
- **필순**: 一 T F F E 耳 耶 耹 聆 聆

音 소리 음
- **쓰임**: 音痴(음치): 목소리의 가락이나 높낮이 등을 분별하지 못하는 상태.
- **필순**: 一 二 丁 立 立 音 音 音 音

察 살필 찰
- **쓰임**: 觀察(관찰): 사물을 주의하여 자세히 살핌.
- **필순**: 丶 丷 宀 宀 宀 宀 宀 宀 突 窈 窔 察 察 察

理 다스릴 리
- **쓰임**: 理論(이론): 경험이나 사회적 실천을 논리적으로 일반화한 체계.
- **필순**: 一 T F 王 丑 珇 珇 玾 玾 理 理

87일 鑑貌辨色 (감모변색)

모양과 거동으로써 그 마음속을 분별할 수 있다.

鑑 거울 감
쓰임 | 鑑別(감별) : 잘 살피어 분간해 냄. 龜鑑(귀감) : 모범.

貌 모양 모
쓰임 | 容貌(용모) : 사람의 얼굴. 貌樣(모양) : 꼴, 모습.

辨 분별할 변
쓰임 | 辨明(변명) : 시비를 가려 밝힘. 辨別(변별) : 구별함.

色 빛 색
쓰임 | 色彩(색채) : 빛깔. 色盲(색맹) : 빛깔을 구별하지 못하는 시각.

88일 貽厥嘉猷 (이궐가유)

도리를 지키고 착한 일을 하여 자손에게 좋은 것을 남겨야 한다.

貽 끼칠 이
- 쓰임 | 貽謀(이모) : 자손을 위하여 남긴 꾀 혹은 교훈.
- 필순 | 丨 冂 冃 月 目 貝 貝 貽 貽 貽 貽 貽

厥 그 궐
- 쓰임 | 厥角(궐각) : 머리를 숙이고 절을 함. 厥後(궐후) : 그 이후.
- 필순 | 丿 厂 厂 厂 厂 厂 厉 厥 厥 厥 厥 厥

嘉 아름다울 가
- 쓰임 | 嘉禮(가례) : 혼례. 嘉尚(가상) : 착하고 기특함.
- 필순 | 一 十 士 吉 吉 吉 吉 吉 壴 亨 嘉 嘉 嘉 嘉

猷 꾀 유
- 쓰임 | 大猷(대유) : 큰 계획.
- 필순 | 丶 丷 丷 酋 酋 酋 酋 酋 酋 酋 猷 猷 猷

88일 勉其祗植 (면기지식)

착한 것을 자손에게 심어 주는 데 힘써야 한다.

勉 힘쓸 면
- 쓰임 | 勉學(면학) : 학문에 힘씀. 勤勉(근면) : 부지런히 힘씀.
- 필순 | ノ 宀 宀 宀 宀 宀 宀 免 免 勉

其 그 기
- 쓰임 | 其間(기간) : 그 사이.
- 필순 | 一 十 十 十 廿 甘 其 其 其

祗 공경할 지
- 쓰임 | 祗敬(지경) : 공경하고 삼감.
- 필순 | 一 二 亍 亍 示 社 社 祗 祗 (示=礻)

植 심을 식
- 쓰임 | 植木(식목) : 나무를 심음. 移植(이식) : 나무를 옮겨 심음.
- 필순 | 一 十 十 才 木 朳 朽 柿 柿 植 植 植

89일 省躬譏誡 (성궁기계)

자신을 반성하여 스스로 꾸짖고 경계해야 한다.

省 살필 성
- 쓰임 | 省墓(성묘) : 조상의 산소를 찾아가서 살피어 돌봄.
- 필순 | ノ 丨 小 少 尐 省 省 省 省

躬 몸 궁
- 쓰임 | 躬行(궁행) : 몸소 행함.
- 필순 | ノ 丨 冂 月 自 身 身 身' 躬 躬

譏 나무랄 기
- 쓰임 | 譏弄(기롱) : 희롱함. 譏謗(기방) : 헐뜯음.
- 필순 | 一 二 三 言 言 言 言 譏 譏 譏 譏 譏 譏 譏 譏 譏

誡 경계할 계
- 쓰임 | 誡命(계명) : 도덕상·종교상 지킬 규정. 訓誡(훈계) : 타이름.
- 필순 | 一 二 三 言 言 言 言 言 訴 訴 誡 誡 誡

89일 寵增抗極 (총증항극)

총애를 받을수록 교만하지 말고 조심하여야 한다.

寵 사랑할 총

쓰임 | 寵愛(총애) : 특별히 귀엽게 여겨 사랑함. 恩寵(은총) : 특별한 은혜와 사랑.

필순 | ⼀ ⼆ ⼧ ⼧ ⼧ ⼧ 宀 宀 宵 宵 宵 宵 寵 寵 寵

增 더할 증

쓰임 | 增減(증감) : 많아지는 일과 적어지는 일.

필순 | 一 十 土 圹 圹 圹 圹 圹 増 増 増 増

抗 겨룰 항

쓰임 | 抗拒(항거) : 대항함. 反抗(반항) : 반대하여 버팀.

필순 | 一 十 扌 扌 扩 扩 抗

極 극진할 극

쓰임 | 極甚(극심) : 매우 심함. 極口(극구) : 온갖 말로.

필순 | 一 十 十 木 朽 朽 朽 柯 柯 極 極 極

90일 殆辱近恥 (태욕근치)

총애를 받는다고 욕된 일을 하면 머지않아 위태함과 치욕이 온다.

殆 위태로울 태

- 쓰임 | 危殆(위태) : 형세가 매우 어려움.
- 필순 | 一 ア ラ 歹 殆 殆 殆 殆 殆

辱 욕할 욕

- 쓰임 | 辱説(욕설) : 남을 욕하는 말.　榮辱(영욕) : 영예와 치욕.
- 필순 | 一 厂 厂 厃 厉 辰 辰 辱 辱

近 가까울 근

- 쓰임 | 近視(근시) : 먼 데 것을 잘 못 보는 시력.　近親(근친) : 촌수가 가까운 일가.
- 필순 | 一 ㄏ 斤 斤 斤 沂 近 近

恥 부끄러울 치

- 쓰임 | 恥辱(치욕) : 부끄럽고 욕됨.　廉恥(염치) : 깨끗하여 부끄러움을 아는 마음.
- 필순 | 一 T F F 耳 耳 耶 耻 恥 恥

90일 林皐幸卽 (임고행즉)

숲과 냇가에서 지내는 것이 다행이다.

林 수풀 림

쓰임 | 林野(임야) : 나무가 있는 넓은 땅. 山林(산림) : 산과 숲, 또는 산에 있는 수풀.
필순 | 一 十 オ 木 ポ 村 材 林

皐 못 고

쓰임 | 皐月(고월) : 음력 오월을 달리 이르는 말.
필순 | ′ ′ ⺈ 白 白 白 皁 皁 皇 皇 皐

幸 다행 행

쓰임 | 幸運(행운) : 좋은 운수. 徼幸(요행) : 뜻밖의 행운.
필순 | 一 十 土 士 吉 击 查 幸

卽 곧 즉

쓰임 | 卽刻(즉각) : 당장에 곧. 卽位(즉위) : 왕위에 오름.
필순 | ′ ′ ⺈ 白 白 皀 皀 卽 卽

91일 兩疏見機 (양소견기)

한나라의 소광과 소수는 적절한 기회를 보았다.

兩 두 량

쓰임 | 兩家(양가) : 두 집. 兩班(양반) : 조선 중엽 이후에 세습적 신분을 가진 사람들.

필순 | 一 ㄱ 冂 币 币 兩 兩 兩

疏 트일 소

쓰임 | 疏通(소통) : 막히지 아니하고 서로 통함.

필순 | ㄱ 了 子 子 子' 产 产 产 㐰 䟽 疏

見 볼 견

쓰임 | 見聞(견문) : 보고 들음. 意見(의견) : 마음속의 느낀 바, 생각.

필순 | ㅣ 冂 冂 月 目 貝 見

機 틀 기

쓰임 | 機會(기회) : 때. 일을 하기에 가장 적당한 시기.

필순 | 一 十 才 术 术 杧 杧 杧 桦 桦 椣 榿 機 機 機

91일 解組誰逼 (해조수핍)

관의 끈을 풀어 사직하고 돌아가니 누가 핍박하리오.
관에는 끈이 달려 있는데, 그 끈을 풀면 곧 사임한다는 뜻이다.

解 풀 해
- 쓰임 | 解得(해득): 깨달아 앎. 和解(화해): 다툼을 그치고 서로 풂.
- 필순 | ⺁ ⺈ ⺈ ⺈ ⺈ ⺈ ⺈ 角 角 解 解 解 解

組 짤 조
- 쓰임 | 組閣(조각): 내각을 조직함. 組織(조직): 짜서 이루는 것.
- 필순 | ⺄ ⺋ 幺 幺 糸 糸 糸 紅 組 組 組

誰 누구 수
- 쓰임 | 誰何(수하): 누구.
- 필순 | 一 ㄷ 三 ㆄ 言 言 言 訁 訁 訁 訐 誰 誰 誰

逼 핍박할 핍
- 쓰임 | 逼迫(핍박): 억누르고 괴롭히는 것.
- 필순 | 一 ⺁ 冂 日 帛 帛 帛 畐 畐 逼 逼 逼

92일 索居閑處 (색거한처)

퇴직하여 한가한 곳에서 세상을 보냈다.

索 찾을 색	쓰임	索引(색인) : 찾아냄. 探索(탐색) : 실상을 더듬어서 찾음.
	필순	一 十 ナ 占 车 赤 壶 壶 索 索
	索 索 索	

居 살 거	쓰임	居留(거류) : 남의 나라에 머물러 삶. 居處(거처) : 사는 곳.
	필순	丁 コ 尸 尸 尸 居 居 居
	居 居 居	

閑 한가할 한	쓰임	閑寂(한적) : 조용하고 쓸쓸함. 等閑(등한) : 마음에 두지 않고 예사로 여김.
	필순	l l' l' l' l'' l'门 l'门 l'門 l'閇 l'閑 閑
	閑 閑 閑	

處 곳 처	쓰임	處罰(처벌) : 형벌에 처함. 各處(각처) : 여러 곳.
	필순	' '' 一 广 卢 卢 虎 虎 處 處 處
	處 處 處	

92일 沈默寂寥 (침묵적료)

세상에 나와 교제함에 있어서도 언행에 침착해야 한다.

沈 잠길 침
쓰임: 沈沒(침몰): 물에 빠져서 가라앉음. 沈默(침묵): 잠잠하게 아무 말도 하지 않음.
필순: 丶 丶 冫 氵 氵 沪 沙 沈

默 잠잠할 묵
쓰임: 默認(묵인): 말 없는 가운데 승인함.
필순: 丨 冂 冂 冂 日 旦 甲 里 黑 黑 黑 黑 默 默 默

寂 고요할 적
쓰임: 寂寞(적막): 고요함.
필순: 丶 丷 宀 宀 宁 宀 宁 宋 宋 宋 寂 寂

寥 공허할 료
쓰임: 寥闊(요활): 고요하고 쓸쓸함. 寥寥(요료): 괴괴하고 쓸쓸함.
필순: 丶 丷 宀 宀 宁 宁 宍 宎 穷 寥 寥 寥 寥

93일 求古尋論 (구고심론)

또한 옛 성현들의 글에서 진리를 구하고
그 마땅한 도리를 찾아 토론하고 연구하여야 한다.

求 구할 구
- 쓰임 | 求職(구직) : 직업을 구함. 要求(요구) : 달라고 청함.
- 필순 | 一 十 寸 才 求 求 求

古 옛 고
- 쓰임 | 古宮(고궁) : 옛 궁궐. 古來(고래) : 예로부터.
- 필순 | 一 十 十 古 古

尋 찾을 심
- 쓰임 | 尋訪(심방) : 방문하여 찾아봄.
- 필순 | 一 ㄱ ㅋ ㅋ ㅋ 큐 큐 큠 큠 큠 큠 尋 尋

論 의논할 론
- 쓰임 | 論文(논문) : 의견을 논술하는 글. 論說(논설) : 사물을 평론하고 설명하는 일.
- 필순 | 一 亠 亠 言 言 言 訃 訃 訃 訃 論 論 論

93일 散慮逍遙 (산려소요)

세상일을 생각하지 않고 자연 속에서 한가롭게 지낸다.

散 흩을 산
- **쓰임**: 散漫(산만): 어수선하여 통일성이 없음. 散在(산재): 여기저기 흩어져 있음.
- **필순**: 一 十 艹 丗 丗 芦 背 背 背 背 散 散

慮 생각 려
- **쓰임**: 念慮(염려): 걱정함. 心慮(심려): 근심과 걱정.
- **필순**: 丶 卜 ト 广 广 卢 虍 虎 虑 虑 虑 慮 慮 慮

逍 노닐 소
- **쓰임**: 逍遙(소요): 산책 삼아 이리저리 자유롭게 거닒.
- **필순**: 丨 丷 ハ 거 肖 肖 肖 消 消 逍

遙 거닐 요
- **쓰임**: 逍遙吟詠(소요음영): 천천히 거닐며 시가를 읊조림.
- **필순**: 丿 ク 夕 夕 夕 名 名 乒 乒 䍃 䍃 遙 遙 遙

94일 欣奏累遣 (흔주루견)

기쁨은 아뢰고 더러움은 보낸다.

欣 기쁠 흔
- 쓰임 | 欣然(흔연) : 기뻐하는 모양. 欣快(흔쾌) : 마음이 기쁘고 시원함.
- 필순 | ′ ⺁ ⺁ 斤 斤 斤 欣 欣

奏 아뢸 주
- 쓰임 | 奏樂(주악) : 음악을 연주함. 演奏(연주) : 악기로 음악을 들려줌.
- 필순 | 一 二 三 丰 夫 表 表 奏 奏

累 더럽힐 루
- 쓰임 | 累德(누덕) : 덕에 누가 되는 악행.
- 필순 | 丨 冂 囗 田 田 甲 畀 累 累 累 累

遣 보낼 견
- 쓰임 | 派遣(파견) : 사람을 보냄. 遣奠祭(견전제) : 발인할 때 문 앞에서 지내는 제사.
- 필순 | 丶 冂 口 中 虫 串 串 肯 肯 肯 渻 遣 遣

94일 慼謝歡招 (척사환초)

심중의 슬픈 것은 없어지고 즐거움만 부른 듯이 오게 된다.

慼 근심 척
- **쓰임**: 慼顔(척안) : 근심스러운 얼굴.
- **필순**: 丶 丶 丨 忄 忄 忄 忄 忄 忄 忄 慼 慼 慼

謝 사례할 사
- **쓰임**: 謝過(사과) : 잘못에 대하여 용서를 빎. 謝意(사의) : 고마워하는 마음.
- **필순**: 丶 一 三 言 言 言 訂 訃 訃 謝 謝 謝 謝

歡 기뻐할 환
- **쓰임**: 歡談(환담) : 정답고 즐겁게 서로 주고받고 이야기함.
- **필순**: 丶 丶 丨 丱 丱 芇 芇 苸 苹 萑 萑 雚 雚 歡 歡 歡

招 부를 초
- **쓰임**: 招待(초대) : 손님을 불러서 대접함. 招魂(초혼) : 죽은 사람의 혼을 불러옴.
- **필순**: 一 十 扌 扌 扣 招 招 招

95일 渠荷的歷 (거하적력)

개천에 만발한 연꽃은 향기 또한 그윽하여
그 아름다움이 어느 것에도 비길 데가 없다.

渠 개천 거	쓰임	溝渠(구거) : 개골창. 渠水(거수) : 땅을 파서 통하게 한 수로.
	필순	丶 冫 氵 沪 沪 沪 沪 沪 渠 渠 渠

荷 짐 하	쓰임	荷役(하역) : 짐을 싣고 내리는 일. 負荷(부하) : 짐을 짐.
	필순	丶 丶 艹 艹 艹 荷 荷 荷 荷 荷

的 맞을 적	쓰임	的中(적중) : 화살이 과녁에 맞음. 公的(공적) : 공공에 관한 것.
	필순	丿 丨 冂 白 白 的 的 的

歷 지낼 력	쓰임	月曆(월력) : 달력. 歷史(역사) : 인류 사회의 변천과 흥망의 과정, 혹은 그 기록.
	필순	丿 厂 厃 厃 厃 厃 厃 屛 歴 歴 歴 歴 歷

95일 園莽抽條 (원망추조)

동산의 풀은 땅속 양분으로 가지가 뻗고 크게 자란다.

園 동산 원
- 쓰임 | 公園(공원) : 여러 사람의 보건·휴양·오락을 위하여 마련해 놓은 큰 정원.
- 필순 | 丨 冂 冂 冃 冃 周 周 周 周 園 園 園 園

莽 풀 망
- 쓰임 | 草莽(초망) : 풀의 떨기, 풀숲.
- 필순 | 丶 丷 艹 艹 艹 芖 莁 莽 莽 莽

抽 빼낼 추
- 쓰임 | 抽出(추출) : 고체 또는 액체에서 어떤 물질을 뽑아냄.
- 필순 | 一 十 扌 扣 扣 抽 抽

條 조목 조
- 쓰임 | 條件(조건) : 무슨 일에 규정한 항목.
- 필순 | 丿 亻 亻 仃 仃 攸 攸 修 條 條

96일 枇杷晩翠 (비파만취)

비파나무는 늦은 겨울에도 그 빛이 푸르다.

枇 비파나무 비	쓰임	枇杷酒(비파주) : 익은 비파를 발효시켜 만든 술.
	필순	一 十 十 オ 木 朴 杧 枇

杷 비파나무 파	쓰임	枇杷(비파) : 비파나무.
	필순	一 十 十 オ 木 杧 杧 杷

晩 늦을 만	쓰임	晩成(만성) : 늦게야 이룸. 晩鍾(만종) : 저녁때를 알리는 종소리.
	필순	丨 冂 冃 日 日' 旷 昈 晚 晚 晚 晚

翠 푸를 취	쓰임	翠扇(취선) : 푸른색의 부채. 翡翠(비취) : 옥의 한 가지.
	필순	丁 丌 刃 羽 羽 羽 羽 羽 翠 翠 翠 翠 翠 翠

96일 梧桐早凋 (오동조조)

오동잎은 가을이면 먼저 마른다.

梧 오동 오	쓰임	梧秋(오추) : 오동나무의 잎이 지는 가을이라는 뜻으로, 음력 7월을 이르는 말.
	필순	一 十 才 木 杧 杯 柘 梧 梧 梧

桐 오동 동	쓰임	桐梓(동재) : 오동나무와 가래나무, 즉 좋은 재목을 일컬음.
	필순	一 十 才 木 木 机 枦 枹 桐 桐

早 이를 조	쓰임	早晚(조만) : 이름과 늦음. 早熟(조숙) : 일찍 익음.
	필순	丨 口 日 旦 早

凋 마를 조	쓰임	凋落(조락) : 시들어 떨어짐. 凋殘(조잔) : 시들어 말라붙어 있음.
	필순	丶 冫 冫 冫 凡 汎 汛 凋 凋 凋

97일 陳根委翳 (진근위예)

시든 나무의 뿌리는 오래 내버려 두면 저절로 말라 죽어 버린다.

陳 진칠 진

- **쓰임**: 陳腐(진부) : 케케묵음. 陳久(진구) : 묵고 오래됨.
- **필순**: ㇀ ㇀㇀ 阝 阝- 阝- 阝二 阝曰 阝車 陳 陳

根 뿌리 근

- **쓰임**: 根本(근본) : 사물의 본바탕. 草根(초근) : 풀뿌리.
- **필순**: 一 十 才 木 木ˊ 木ˊ 木ˋ 栢 根 根

委 맡길, 시들 위

- **쓰임**: 委任(위임) : 어떤 일을 책임 지워 맡김. 委囑(위촉) : 부탁하여 맡김.
- **필순**: 一 二 千 禾 禾 委 委 委

翳 가릴 예

- **쓰임**: 翳昧(예매) : 가려서 어두움.
- **필순**: 一 ㄧ 三 石 歹 医 医 医ㄣ 殹 殹 殹 翳 翳 翳

97일 落葉飄颻 (낙엽표요)

나뭇잎은 떨어져 바람에 날린다.

落 떨어질 락
- **쓰임**: 落島(낙도) : 육지에서 멀리 떨어진 섬. 落第(낙제) : 시험에 떨어짐.
- **필순**: 丶 丶 ㇇ 艹 艹 艹 艹 艾 茨 茨 落 落

葉 잎 엽
- **쓰임**: 葉錢(엽전) : 옛날 돈. 枝葉(지엽) : 가지와 잎. 중요하지 않은 부분.
- **필순**: 丶 丶 艹 艹 艹 艹 芷 苹 苹 葉 葉 葉 葉

飄 날릴 표
- **쓰임**: 飄然(표연) : 바람에 가볍게 나부끼는 모양. 飄泊(표박) : 타향을 떠돌아다님.
- **필순**: 一 丆 襾 西 西 覀 覂 票 票 票 剽 剽 飄 飄 飄 飄

颻 날릴 요
- **쓰임**: 颻颻(요요) : 바람에 흔들리는 모양.
- **필순**: 丿 ク 夕 夕 夗 夗 夗 夗 夗 夗 夗 夗 夗 夗 颻 颻

98일 遊鯤獨運 (유곤독운)

곤어는 북해에서 서식하는 큰 고기이며 홀로 헤엄쳐 논다.

遊 (놀 유)

- **쓰임**: 遊覽(유람): 두루 돌아다니며 구경함. 遊興(유흥): 흥겹게 놂.
- **필순**: ` ` ` ` ` 亅 方 方 ガ 扩 旃 旃 游 游 游 遊

鯤 (곤이 곤)

- **쓰임**: 鯤鵬(곤붕): 큰 물고기와 큰 새, 즉 더할 수 없이 큰 것의 비유.
- **필순**: ` ` ` ` ` 夕 各 各 角 角 魚 魚 魚 魚 魚 鯤 鯤 鯤 鯤 鯤 鯤

獨 (홀로 독)

- **쓰임**: 獨子(독자): 외아들. 孤獨(고독): 외로움.
- **필순**: ` ` ` 犭 犭 犭 犭 犭 獨 獨 獨 獨 獨

運 (운동 운)

- **쓰임**: 運動(운동): 몸을 놀리어 움직임. 國運(국운): 나라의 운수.
- **필순**: ` ` ` ` ` 冖 冖 冒 冒 宣 軍 軍 渾 渾 運

98일 凌摩絳霄 (능마강소)

붉게 물든 하늘을 마음대로 날아다닌다.

凌 업신여길 릉

쓰임 | 凌蔑(능멸): 업신여겨 깔봄. 凌駕(능가): 무엇에 비교하여 그보다 훨씬 뛰어남.

필순 | 丶 冫 冫 汁 汁 泞 浃 浃 湊 凌

摩 비빌 마

쓰임 | 摩擦(마찰): 서로 닿아서 비빔. 摩天(마천): 하늘에 닿을 듯이 높음.

필순 | 丶 亠 广 广 庁 庁 庁 府 府 麻 麻 麼 摩

絳 붉을 강

쓰임 | 絳裳(강상): 붉은 치마. 絳雲(강운): 붉은 구름.

필순 | ㄥ ㄠ ㄠ 纟 纟 糸 糸 紅 終 終 経 絳

霄 하늘 소

쓰임 | 霄明(소명): 새벽. 霄壤(소양): 하늘과 땅.

필순 | 一 广 广 币 币 雨 雨 雨 雪 雪 雪 霄 霄 霄

99일 耽讀翫市 (탐독완시)

한나라(후한)의 왕충은 독서를 즐겨 시장에 있는 서점에 가서 탐독하였다.

耽 즐길 탐
- 쓰임 | 耽溺(탐닉) : 어떤 일을 몹시 즐겨 거기에 빠짐.
- 필순 | 一 丅 丆 F E 耳 耳 耴 耽 耽

讀 읽을 독
- 쓰임 | 讀書(독서) : 책을 읽음. 讀破(독파) : 끝까지 다 읽음.
- 필순 | 一 亠 亖 言 言 言 計 詰 詰 讀 讀 讀 讀 讀 讀 讀

翫 구경할 완
- 쓰임 | 賞翫(상완) : 좋아하여 구경함.
- 필순 | ㄱ ㄲ ㄹ 彐 翙 翙 翙 翙 翫 翫 翫 翫

市 시장 시
- 쓰임 | 市街(시가) : 도시의 큰 길거리. 市民(시민) : 도시의 주민.
- 필순 | 丶 亠 亣 市 市

99일 寓目囊箱 (우목낭상)

왕충은 워낙 총명하여 글을 한 번 읽으면 잊지 아니하여 마치 주머니나 상자에 넣어 두는 것과 같았다.

寓 붙일 우
- 쓰임 | 寓話(우화) : 딴 사물에 붙여서 교훈의 뜻을 은연중에 나타내는 이야기.
- 필순 | 丶 丷 宀 宀 宀 宁 宫 宫 寓 寓 寓 寓

目 눈 목
- 쓰임 | 目錄(목록) : 어떤 물품의 이름을 일정한 순서로 적은 것.
- 필순 | 丨 冂 冂 目 目

囊 주머니 낭
- 쓰임 | 背囊(배낭) : 물건을 담아서 등에 질 수 있도록 만든 주머니.
- 필순 | 一 冂 囗 巾 市 市 南 南 南 亩 奄 寮 褎 褎 囊 囊

箱 상자 상
- 쓰임 | 箱子(상자) : 물건을 넣어 두기 위하여 나무·대·종이 따위로 만든 손그릇.
- 필순 | 丿 𠂉 𠂉 𠂉 竹 竹 竺 竿 笒 笒 箱 箱 箱 箱

207

100일 易輶攸畏 (이유유외)

군자는 앞뒤를 생각지 않고 가볍게 말함을 두려워한다.

易 쉬울 이
- **쓰임**: 簡易(간이) : 간단하고 쉬움.
- **필순**: 丨 冂 日 日 月 易 易 易

輶 가벼울 유
- **쓰임**: 輶車(유거) : 가벼운 수레.
- **필순**: 一 亓 亓 亓 百 百 車 車 車 軒 軒 軘 輶 輶 輶

攸 바 유
- **쓰임**: 攸司(유사) : 그 관청.
- **필순**: 丿 亻 亻 亻 伩 攸 攸

畏 두려울 외
- **쓰임**: 畏友(외우) : 가장 아껴 존경하는 친구. 畏怖(외포) : 두려워함.
- **필순**: 丨 冂 皿 田 田 甼 畀 畏

100일 屬耳垣墻 (속이원장)

벽에도 귀가 있다. 즉, 경솔하게 말하지 말라는 뜻.

屬 붙일 속

쓰임 | 屬國(속국) : 정치적으로 다른 나라에 매여 있는 나라. 屬性(속성) : 사물의 특징.

필순 | 一 コ ㄕ ㄕ ㄕ ㄕ 屌 屌 屌 屬 屬 屬 屬 屬 屬

耳 귀 이

쓰임 | 耳目(이목) : 귀와 눈. 耳順(이순) : 예순 살.

필순 | 一 T F F 耳 耳

垣 담 원

쓰임 | 垣墻(원장) : 담장.

필순 | 一 十 土 土 圷 垣 垣 垣 垣

墻 담 장

쓰임 | 墻壁(장벽) : 담과 벽. 墻內(장내) : 담 안.

필순 | 一 十 土 圵 圹 圹 圹 圹 堉 堉 堉 墻 墻 墻 墻

101일 具膳飱飯 (구선손반)

반찬을 갖추어 밥을 먹는다.

具 (갖출 구)

- **쓰임**: 具備(구비) : 빠짐없이 갖춤. 器具(기구) : 세간 · 그릇 · 도구 등을 통틀어 일컬음.
- **필순**: 丨 冂 冂 冃 目 且 具 具

膳 (반찬 선)

- **쓰임**: 膳羞(선수) : 맛좋은 음식. 膳服(선복) : 음식과 의복.
- **필순**: 丿 刀 月 月 月' 月㇀ 月䒑 胖 胖 脒 脺 膳 膳 膳

飱 (저녁밥 손)

- **쓰임**: 飱饔(손옹) : 저녁밥과 아침밥. 조석의 식사.
- **필순**: 丶 ㇀ 夕 夕 夕 飠 飠 飱 飱 飱

飯 (밥 반)

- **쓰임**: 飯饌(반찬) : 밥에 곁들여 먹는 여러 가지 음식. 白飯(백반) : 쌀밥.
- **필순**: 丿 亽 今 今 今 佥 佥 佥 飠 飣 飯 飯

101일 適口充腸 (적구충장)

좋은 음식이 아니라도 입에 맞으면 배를 채울 수 있다.

適 맞을 적
- **쓰임**: 適格(적격) : 알맞은 자격. 快適(쾌적) : 심신에 맞아 기분이 썩 좋음.
- **필순**: 丶 亠 十 ナ 产 产 产 商 商 商 商 滴 滴 適

口 입 구
- **쓰임**: 食口(식구) : 같은 집에서 끼니를 함께하며 사는 사람. 出口(출구) : 나가는 곳.
- **필순**: 丨 冂 口

充 채울 충
- **쓰임**: 充當(충당) : 모자라는 것을 채움. 充滿(충만) : 가득 참.
- **필순**: 丶 亠 士 去 亢 充

腸 창자 장
- **쓰임**: 斷腸(단장) : 창자가 끊어지는 듯이 몹시 슬픔. 大腸(대장) : 큰창자.
- **필순**: 丿 冂 月 月 月' 肝 胛 胛 腭 腭 腸 腸

102일 飽飫烹宰 (포어팽재)

배가 부른 뒤에는 아무리 좋은 음식이라도 맛을 모른다.

飽 배부를 포
- 쓰임 | 飽滿(포만) : 많이 먹어서 배가 지나치게 부름. 飽食(포식) : 배불리 먹음.
- 필순 | ノ 𠆢 𠆢 今 今 今 食 食 食 飠 飠 飠 飽 飽

飫 물릴 어
- 쓰임 | 飫聞(어문) : 듣기 싫도록 여러 번 들음.
- 필순 | ノ 𠆢 𠆢 今 今 今 食 食 食 飠 飫 飫

烹 삶을 팽
- 쓰임 | 烹卵(팽란) : 삶은 달걀.
- 필순 | 丶 亠 亠 古 古 亨 亨 亨 烹 烹

宰 재상 재
- 쓰임 | 宰相(재상) : 임금을 돕고 신하들을 지휘, 감독하는 최고의 관직.
- 필순 | 丶 丶 宀 宀 宀 宀 宰 宰 宰

102일 飢厭糟糠 (기염조강)

배가 고플 때에는 술지게미나 쌀겨도 맛이 있는 법이다.

飢 주릴 기
- 쓰임 | 飢饉(기근) : 굶주림. 飢寒(기한) : 배고픔과 추위.
- 필순 | ノ 𠂉 𠂉 亽 今 今 今 亽 食 食 食 飢

厭 싫을 염
- 쓰임 | 厭世(염세) : 세상을 괴롭고 귀찮게 여김. 厭症(염증) : 싫증.
- 필순 | ノ 厂 厂 厂 厂 戸 戸 戸 厚 厚 厭 厭 厭

糟 술지게미 조
- 쓰임 | 糟糠之妻(조강지처) : 가난할 때 고생을 함께하며 살아온 아내.
- 필순 | ⸍ ⸍ 二 半 半 米 米' 米 米 料 糟 糟 糟 糟 糟

糠 겨 강
- 쓰임 | 糠粥(강죽) : 겨로 쑨 죽.
- 필순 | ⸍ ⸍ 二 半 半 米 米' 米 扩 扩 扩 精 糖 糠 糠

103일 親戚故舊 (친척고구)

친척과 오랜 친구.

親 친할 친

- **쓰임** | 親近(친근): 정분이 친하고 가까운 것. 兩親(양친): 어머니와 아버지.
- **필순** | ` 丶 亠 ㅗ ㅛ 立 产 辛 亲 亲 亲′ 亲見 亲見 親 親 親`

戚 겨레 척

- **쓰임** | 姻戚(인척): 외가와 처가의 혈족. 外戚(외척): 어머니 쪽의 친척.
- **필순** | ` 丿 厂 厂 戸 戸 戸 戚 戚 戚 戚`

故 연고 고

- **쓰임** | 故事(고사): 옛날에 있었던 일. 有故(유고): 까닭이나 사고가 있음.
- **필순** | ` 一 十 十 古 古 古′ 故 故`

舊 옛 구

- **쓰임** | 復舊(복구): 예전 상태로 돌이킴. 舊屋(구옥): 지은 지 오래된 집.
- **필순** | ` 丶 丅 艹 艹 圤 圤 萑 萑 萑 舊 舊 舊`

103일 老少異糧 (노소이량)

늙은이와 젊은이의 식사가 다르다.

老 늙을 로
- **쓰임**: 元老(원로) : 오랫동안 한 가지 일에 종사하여 그 일에 공로가 많은 사람.
- **필순**: 一 十 土 耂 耂 老

少 젊을 소
- **쓰임**: 男女老少(남녀노소) : 남자와 여자, 늙은이와 젊은이. 즉 모든 사람을 이름.
- **필순**: 丿 小 小 少

異 다를 이
- **쓰임**: 異國(이국) : 다른 나라. 異端(이단) : 바르지 못한 길.
- **필순**: 丨 冂 田 田 甼 畀 畀 㽙 異 異

糧 양식 량
- **쓰임**: 糧穀(양곡) : 양식으로 사용하는 곡식. 絕糧(절량) : 양식이 떨어짐.
- **필순**: 丶 丷 半 米 米 籵 籵 籵 籵 粐 粨 糧 糧 糧 糧

104일 妾御績紡 (첩어적방)

아내가 할 일은 누에를 쳐서 실을 짜 가족들에게 옷을 지어 입히는 일이다.

妾 첩 첩
- 쓰임 | 小妾(소첩) : 여자가 자기를 낮추어 일컫는 말. 愛妾(애첩) : 사랑하는 첩.
- 필순 | ＼ 丶 亠 产 立 夳 夳 妾

御 모실 어
- 쓰임 | 御命(어명) : 임금의 명령. 制御(제어) : 제 마음대로 다룸.
- 필순 | ノ ク 彳 彳 彳 彳 卸 卸 御 御 御

績 길쌈 적
- 쓰임 | 成績(성적) : 이루어 놓은 공적.
- 필순 | ㄴ ㄠ 幺 幺 糸 糸 糽 紝 絬 績 績 績 績

紡 길쌈 방
- 쓰임 | 紡績(방적) : 실을 뽑는 일. 紡織(방직) : 실을 뽑는 것과 피륙을 짜는 일.
- 필순 | ㄴ ㄠ 幺 幺 糸 糸 紀 紡 紡

104일 侍巾帷房 (시건유방)

안방에서 수건을 받들며 남편 시중을 들었다. 한나라의 포선은 어진 선비였는데, 몹시 가난했다. 부잣집 딸과 결혼하였는데, 아내는 방에서 수건과 빗을 들고 그의 시중을 극진히 들었다.

侍 모실 시
- 쓰임 | 侍下(시하) : 부모나 조부모가 살아 있는 가정 환경.
- 필순 | ノ 亻 亻 亻 侍 侍 侍 侍

巾 수건 건
- 쓰임 | 手巾(수건) : 손·얼굴 등을 닦거나 머리에 쓰기도 하는 천 조각.
- 필순 | 丨 冂 巾

帷 장막 유
- 쓰임 | 帷幕(유막) : 진영에 있는 장막.
- 필순 | 冂 巾 帄 帆 帷 帷 帷

房 방 방
- 쓰임 | 獨房(독방) : 혼자서 쓰는 방. 閨房(규방) : 부녀자가 거처하는 방.
- 필순 | ノ 亠 冫 戶 戶 房 房 房

105일 紈扇圓潔 (환선원결)

흰 비단으로 만든 부채는 둥글고 깨끗하다.

紈 흰 비단 환
- 쓰임 | 紈素(환소) : 흰 비단. 氷紈(빙환) : 얼음같이 깨끗함.
- 필순 | ⼃ ⼂ ⼂ ⼂ 糸 糸 糽 紈 紈

扇 부채 선
- 쓰임 | 扇風機(선풍기) : 전기의 힘으로 바람을 일으키는 기구.
- 필순 | ⼀ ⼂ ⼕ ⼾ ⼾ 肩 肩 肩 扇 扇

圓 둥글 원
- 쓰임 | 圓滿(원만) : 인품이나 성격이 너그럽고 결함이 없음.
- 필순 | ⼁ ⼌ ⼌ 门 冋 冋 周 周 圎 圓 圓 圓 圓

潔 맑을 결
- 쓰임 | 潔白(결백) : 깨끗하고 흼. 淨潔(정결) : 매우 깨끗하고 깔끔함.
- 필순 | ⼂ ⼂ ⼡ ⼡ 汢 洰 浧 絜 潔 潔 潔 潔 潔

105일 銀燭煒煌 (은촉위황)

은촛대의 촛불은 빛나서 휘황찬란하다.

銀 은 은
- **쓰임**: 銀塊(은괴) : 은덩이. 銀髮(은발) : 은백색 머리.
- **필순**: ノ 人 ケ 上 卢 午 金 金 釘 釘 釘 鉅 銀 銀

燭 촛불 촉
- **쓰임**: 風燭(풍촉) : 바람 앞의 촛불이라는 뜻으로, 매우 위험한 처지에 놓여 있음.
- **필순**: ` ` ` ` ` ` ` ` ` ` ` ` ` ` ` 燭

煒 빛날 위
- **쓰임**: 煒煌(위황) : 환하게 빛남. 煒煒(위위) : 빛나서 눈부신 모양.
- **필순**: ` ` ` ` ` ` ` ` ` ` ` ` 煒

煌 빛날 황
- **쓰임**: 煌煌(황황) : 번쩍번쩍 빛나는 모양. 輝煌(휘황) : 광채가 눈부시게 빛남.
- **필순**: ` ` ` ` ` ` ` ` ` ` ` ` 煌

106일 晝眠夕寐 (주면석매)

낮에 낮잠 자고 밤에 일찍 자니 한가한 사람의 일이다.

晝 낮 주	쓰임	晝間(주간) : 낮 동안. 晝夜(주야) : 밤과 낮.
	필순	⁻ ⁻ ⁻ ⁻ 尹 聿 書 書 書 書 晝

眠 잘 면	쓰임	冬眠(동면) : 동물이 땅속이나 구멍 속에서 수면 상태로 겨울을 남.
	필순	ㅣ ㄇ ㅁ 月 目 目' 目° 盯 眠 眠

夕 저녁 석	쓰임	夕刊(석간) : 저녁때 배달되는 신문. 夕陽(석양) : 저녁때의 해.
	필순	ノ ク 夕

寐 잘 매	쓰임	夢寐(몽매) : 잠을 자며 꿈을 꿈. 寤寐(오매) : 깨어 있을 때나 잘 때.
	필순	⸍ ⸍ 宀 宀 宀 宀 宊 宊 寐 寐 寐 寐

106일 藍筍象床 (남순상상)

푸른 대나무 돗자리와 상아로 장식한 침상을 사용한다.

藍 쪽 람

쓰임 | 藍靑(남청) : 짙고 검푸른 빛. 出藍(출람) : 제자가 스승보다 더 뛰어남.

필순 | 艹 艹 艹 艹 艹 产 产 芦 芦 薛 薛 蕗 蕗 藍 藍

筍 대순 순

쓰임 | 竹筍(죽순) : 대나무의 싹. 蔬筍(소순) : 채소와 죽순.

필순 | ノ ノ ト ト ヶ ヶ ケケ ケケ 竻 竻 筍 筍 筍

象 코끼리 상

쓰임 | 象牙(상아) : 코끼리의 어금니. 象形(상형) : 사물의 형상을 본뜸.

필순 | ノ ハ ケ ケ 乌 乌 乌 孚 岁 岁 岁 象

床 상 상

쓰임 | 床褓(상보) : 음식을 차려 놓은 상을 덮는 보자기.

필순 | 一 广 广 庄 床 床

107일 絃歌酒讌 (현가주연)

거문고를 타며 술과 노래로 잔치하다.

絃 줄 현
- **쓰임**: 絃樂器(현악기) : 줄을 타거나 켜서 소리를 내는 악기.
- **필순**: 乙 幺 幺 糸 糸 糸 糸' 紆 紆 絃 絃

歌 노래 가
- **쓰임**: 歌曲(가곡) : 노래. 歌舞(가무) : 노래와 춤.
- **필순**: 一 丆 可 可 可 哥 哥 哥 歌 歌 歌 歌 歌

酒 술 주
- **쓰임**: 酒客(주객) : 술을 좋아하는 사람. 酒量(주량) : 술을 마시는 분량.
- **필순**: 丶 冫 氵 汀 汀 沔 沔 酒 酒 酒

讌 잔치 연
- **쓰임**: 讌戱(연희) : 여러 사람이 모여서 베푸는 잔치.
- **필순**: 亠 言 言 言 言 言廿 言廿 言廿 言甘 言甘 言甘 言甘 言燕 言燕 言燕 讌

107일 接杯擧觴 (접배거상)

작고 큰 술잔을 서로 주고받으며 즐긴다.

接 이을 접
- **쓰임**: 接待(접대) : 손님을 맞아서 대접함. 接續(접속) : 맞닿게 하여 이음.
- **필순**: 一 十 扌 扌' 扩 扩 护 护 挼 接 接

杯 잔 배
- **쓰임**: 祝杯(축배) : 축하의 뜻을 나타내기 위하여 마시는 술.
- **필순**: 一 十 才 木 木' 朽 杁 杯

擧 들 거
- **쓰임**: 擧事(거사) : 일을 일으킴. 擧國(거국) : 온 나라 모두.
- **필순**: 𠂉 𠂉 𠂉 𦥯 𦥯 𦥯 與 與 與 與 擧 擧

觴 잔 상
- **쓰임**: 觴詠(상영) : 술을 마시며 시를 읊음. 觴酌(상작) : 술잔을 주고받음.
- **필순**: ノ 丿 ⺈ 角 角 角 角 觴 觴 觴 觴 觴 觴 觴 觴

108일 矯手頓足 (교수돈족)

손을 들고 발을 두드리며 춤을 춘다.

矯 들 교

- **쓰임** | 矯僞(교위) : 속임.
- **필순** | ノ ト ヒ 乍 矢 矢 矢 矢 矫 矫 矫 矫 矯 矯 矯 矯

手 손 수

- **쓰임** | 手工(수공) : 손을 써서 만드는 공예. 擧手(거수) : 손을 듦.
- **필순** | ノ 二 三 手

頓 두드릴 돈

- **쓰임** | 頓絕(돈절) : 편지나 소식 따위가 딱 끊어짐. 整頓(정돈) : 가지런히 바로잡음.
- **필순** | 一 ㄷ ㅌ 屯 屯 屯 矿 町 頓 頓 頓 頓 頓

足 발 족

- **쓰임** | 手足(수족) : 손과 발. 洽足(흡족) : 넉넉하여 조금도 모자람이 없음.
- **필순** | 丶 ㅁ ㅁ ㅁ 무 무 足 足

108일 悅豫且康 (열예차강)

기쁘고 즐거우며 마음이 편안하다.

悅 기쁠 열

- 쓰임 | 悅樂(열락) : 기뻐하고 즐거워함. 法悅(법열) : 진리를 깨달아 마음에서 우러나는 기쁨.
- 필순 | ′ 丷 忄 忄 忄 忄 忄 悅 悅 悅

豫 미리 예

- 쓰임 | 豫測(예측) : 앞으로의 일을 미리 짐작함. 豫約(예약) : 미리 약속함.
- 필순 | ㄱ ㄱ 夭 予 予 彳 豕 豕 豕 豕 豫 豫 豫 豫

且 또 차

- 쓰임 | 況且(황차) : 하물며. 苟且(구차) : 살림이 매우 가난함.
- 필순 | 丨 冂 円 且 且

康 편안할 강

- 쓰임 | 康健(강건) : 윗사람의 기력이 실하고 튼튼함.
- 필순 | 丶 亠 广 庐 庐 庐 庐 康 康 康 康

109일 嫡後嗣續 (적후사속)

적실, 즉 맏아들은 부모의 뒤를 이어 가정의
대를 이어가야 한다.

嫡 정실 적
쓰임 | 嫡庶(적서) : 적자와 서자. 嫡子(적자) : 정실(본처)이 낳은 아들.
필순 | ㄑ 夕 女 女 女' 女" 女" 女" 娇 娇 嫡 嫡 嫡

後 뒤 후
쓰임 | 後方(후방) : 뒤쪽. 今後(금후) : 이제부터.
필순 | ノ ク 彳 彳 彳 彳 彳 㣿 後

嗣 이을 사
쓰임 | 嗣子(사자) : 대를 이을 아들. 後嗣(후사) : 대를 이을 자식.
필순 | 丶 冂 冂 口 尸 弓 弓 弔 冊 冊 嗣 嗣 嗣

續 이을 속
쓰임 | 續開(속개) : 멈췄던 회의를 다시 엶.
필순 | ㄑ 幺 车 糸 糸 糽 紝 紝 綪 綪 續 續 續

109일 祭祀蒸嘗 (제사증상)

겨울 제사와 가을 제사 등 계절마다 제사를 지낸다.

祭 제사 제
- **쓰임**: 祭物(제물) : 제사에 쓰이는 물건.
- **필순**: ノクタタ歹 ダ タァ タァ タァ 祭 祭

祀 제사 사
- **쓰임**: 祀天(사천) : 하늘에 제사를 지냄.
- **필순**: 一 二 テ 亓 示 礽 祀 (示=礻)

蒸 찔, 제사 이름 증
- **쓰임**: 蒸發(증발) : 액체가 기체로 변함. 또는 그런 현상. 蒸氣(증기) : 수증기의 준말.
- **필순**: 丶 丷 ㅗ ㅛ 艹 艹 艿 荞 荞 茏 茏 蒸 蒸 蒸

嘗 맛볼, 가을의 제사 상
- **쓰임**: 嘗禾(상화) : 새 곡식으로 제사를 지냄. 또는 그 제사. 嘗味(상미) : 맛을 봄.
- **필순**: 丶 丷 ㅗ ㅛ 尚 尚 尚 堂 堂 嘗 嘗 嘗

110일 稽顙再拜 (계상재배)

이마를 조아려 선조에게 두 번 절한다.

稽 상고할, 조아릴 계

- 쓰임 | 稽古(계고) : 옛일을 자세히 살피어 참고함.
- 필순 | 一 二 千 千 千 禾 禾 秆 秆 秎 秷 稽 稽 稽 稽

顙 이마 상

- 쓰임 | 稽顙(계상) : 이마가 닿도록 몸을 굽혀 절함.　顙汗(상한) : 이마의 땀.
- 필순 | ′ ″ ⺜ ♣ 叒 桒 桒 桒 桒 顙 顙 顙 顙 顙 顙 顙

再 두 재

- 쓰임 | 再建(재건) : 무너진 것을 다시 일으켜 세움.　再演(재연) : 다시 상연함.
- 필순 | 一 厂 厅 币 再 再

拜 절 배

- 쓰임 | 崇拜(숭배) : 우러러 공경함.　歲拜(세배) : 섣달그믐이나 정초에 하는 인사.
- 필순 | ′ ″ ⺄ ⺀ 手 扌 扌 拝 拝 拜

110일 悚懼恐惶 (송구공황)

송구스럽고 두렵고 황송하다는 태도를 취한다.

悚 두려울 송

쓰임 | 悚懼(송구) : 마음에 두렵고 미안함. 罪悚(죄송) : 죄스럽고 황송함.

필순 | ‵ ⺀ 忄 忄 忄 忄 悙 悙 悚 悚

懼 두려울 구

쓰임 | 懼然(구연) : 두려워하는 모양. 疑懼(의구) : 의심하고 두려워함.

필순 | ‵ ⺀ 忄 忄 忄 忄 忄 忄 忄 忄 忄 忄 懼 懼 懼

恐 두려울 공

쓰임 | 恐怖(공포) : 두려워함. 恐喝(공갈) : 무섭게 으르고 위협함.

필순 | 一 T I 卫 卭 巩 巩 恐 恐 恐

惶 두려울 황

쓰임 | 惶恐(황공) : 위엄이나 지위에 눌리어 어쩔 줄 모를 정도로 두려워함.

필순 | ‵ ⺀ 忄 忄 忄 忄 悀 悀 悼 悼 惶

111일 牋牒簡要 (전첩간요)

글과 편지는 간략함을 요한다.

牋 종이 전	쓰임	牋疏(전소) : 임금에게 자기 의견을 아뢰는 글. 牋翰(전한) : 종이와 붓.
	필순	ノ 丿 ナ 片 片 片 肯 肯 肯 牋 牋 牋

牒 편지 첩	쓰임	請牒(청첩) : 경사가 있을 때에 남을 초청하는 글.
	필순	ノ 丿 ナ 片 片 片 片 肿 肼 牌 牌 牒

簡 편지 간	쓰임	簡單(간단) : 간편하고 단출함. 書簡(서간) : 편지.
	필순	ノ ト ト ケ ケ 卆 卆 笒 笒 筲 筲 筲 簡 簡 簡

要 요할 요	쓰임	要緊(요긴) : 꼭 필요함. 必要(필요) : 꼭 요구됨.
	필순	一 丆 戸 两 两 襾 要 要 要

111일 顧答審詳 (고답심상)

편지의 회답도 자세히 살펴 써야 한다.

顧 돌아볼 고
- 쓰임 | 回顧錄(회고록) : 지난 일을 돌이켜 생각하여 적은 기록.

答 대답 답
- 쓰임 | 正答(정답) : 옳은 답. 答訪(답방) : 남의 방문에 대한 답례로 방문함.

審 살필 심
- 쓰임 | 審問(심문) : 자세히 따져서 물음. 審理(심리) : 자세히 조사하여 처리함.

詳 자세할 상
- 쓰임 | 詳報(상보) : 상세히 알림. 未詳(미상) : 자세하지 않음.

112일 骸垢想浴 (해구상욕)

몸에 때가 끼면 목욕하기를 생각한다.

骸 (뼈 해)
쓰임: 遺骸(유해): 죽은 사람의 뼈. 殘骸(잔해): 썩거나 타다가 남은 뼈.

필순: 丨冂冂甲咼咼骨骨骨骨骨骨骸骸骸

垢 (때 구)
쓰임: 垢穢(구예): 때가 묻어 더러움. 無垢(무구): 잡물이 섞이지 않고 순수함.

필순: 一十土圵圹圻坵垢垢

想 (생각할 상)
쓰임: 思想(사상): 어떠한 사물에 대해 가지고 있는 구체적인 생각.

필순: 一十才木木相相相相相想想想

浴 (목욕할 욕)
쓰임: 浴槽(욕조): 목욕을 하는 시설. 海水浴(해수욕): 바다에서 헤엄치거나 노는 일.

필순: 丶氵氵氵浐浐浴浴浴

112일 執熱願凉 (집열원량)

부주의하여 뜨거운 것을 잡았을 때는 얼른 찬물이나 서늘한 물건으로 식혀야 한다.

執 잡을 집
- 쓰임 | 執着(집착) : 어떤 일에 마음이 쏠려 떠나지 아니함.
- 필순 | 一 十 士 古 卉 吉 幸 幸 郣 執 執

熱 뜨거울 열
- 쓰임 | 熱意(열의) : 무슨 일을 이루려고 열성을 다하는 마음.
- 필순 | 一 十 士 古 卉 吉 幸 幸 郣 執 埶 埶 熱 熱 熱

願 원할 원
- 쓰임 | 所願(소원) : 무슨 일이 이루어지기를 바람. 願書(원서) : 지원하거나 청원하는 서류.
- 필순 | ´ 厂 厂 厂 所 所 所 原 原 原 原 原 願 願 願 願

凉 서늘할 량
- 쓰임 | 淸凉(청량) : 맑고 서늘함. 納凉(납량) : 여름에 더위를 피하여 서늘함을 맛봄.
- 필순 | 丶 冫 冫 氵 广 汁 沍 沪 浐 凉 凉

113일 驢騾犢特 (여라독특)

나귀와 노새와 송아지, 즉 가축의 모습을 말한다.

驢 나귀 려

쓰임 | 驢馬(여마) : 당나귀. 驢車(여거) : 당나귀가 끄는 수레.

필순 | 一 厂 F F F 馬 馬 馭 馿 馿 馿 馿 騥 騥 驢 驢 驢

騾 노새 라

쓰임 | 騾驢(나려) : 노새와 나귀. 騾子軍(나자군) : 노새를 탄 기병.

필순 | 一 厂 F F F 馬 馬 馬 馿 馿 馿 騂 騳 騳 騾 騾 騾

犢 송아지 독

쓰임 | 犢車(독거) : 송아지가 끄는 수레. 犢角(독각) : 송아지의 뿔.

필순 | 丿 ⺧ 牛 牛 牛 牛 牛 牜 牜 牜 犢 犢 犢 犢

特 특별할 특

쓰임 | 特食(특식) : 특별히 잘 차려진 식사. 特許(특허) : 특별히 허가함.

필순 | 丿 ⺧ 牛 牛 牛 牜 牜 特 特 特

113일 駭躍超驤 (해약초양)

뛰고 달리고 노는 가축의 모습.

駭 놀랄 해

쓰임 | 駭怪(해괴) : 매우 괴상함. 駭妄(해망) : 해괴하고 망령됨.

필순 | 一 厂 厂 F 丰 馬 馬 馬 馬 馬 駆 駆 駭 駭

躍 뛸 약

쓰임 | 跳躍(도약) : 몸을 위로 솟구쳐 뛰는 일. 活躍(활약) : 활발히 활동함.

필순 | 口 口 甲 甲 丐 足 趵 趵 趵 趵 跼 跼 躍 躍 躍

超 뛰어넘을 초

쓰임 | 超人(초인) : 보통 인간의 능력을 뛰어넘은 사람. 超過(초과) : 일정 한도를 넘음.

필순 | 一 十 土 耂 耂 耂 走 起 起 起 超 超

驤 달릴 양

쓰임 | 驤螭(양리) : 교룡이 승천함.

필순 | 一 厂 厂 F 丰 馬 馬 馬 馬 馬 駉 駉 駉 駉 驤 驤 驤

114일 誅斬賊盜 (주참적도)

살인자와 도둑은 그 목을 베어 죽인다.

誅 벨 주
- 쓰임 | 誅求(주구) : 관청에서 백성의 재물을 강제로 마구 빼앗아 감.
- 필순 | 一 ㄧ ㄷ ㅌ 言 言 言 計 計 許 誅 誅

斬 벨 참
- 쓰임 | 處斬(처참) : 목을 베어 죽이는 형벌에 처함.
- 필순 | 一 ㄏ ㅁ ㅂ 白 亘 車 斬 斬 斬

賊 도둑 적
- 쓰임 | 逆賊(역적) : 임금에게 반역한 사람.
- 필순 | 丨 ㄇ 冂 月 目 貝 貝 貯 財 賊 賊

盜 도둑 도
- 쓰임 | 盜難(도난) : 도둑을 맞는 재난.
- 필순 | 丶 冫 氵 氵 沙 汐 次 次 浴 浴 盗 盜

114일 捕獲叛亡 (포획반망)

배반하고 도망치는 자를 잡아 죄를 다스린다.

捕 잡을 포
- 쓰임 | 捕手(포수) : 야구에서 투수가 던지는 공을 받는 선수.
- 필순 | 一 亻 扌 扌 扩 扩 折 折 捐 捕 捕

獲 얻을 획
- 쓰임 | 漁獲(어획) : 수산물을 잡거나 채취함.
- 필순 | ノ 亻 犭 犭 犭 犭 犭 犭 犭 獰 獰 獰 獰 獲 獲

叛 배반할 반
- 쓰임 | 叛軍(반군) : 반란을 일으킨 군대. 叛逆(반역) : 배반하여 돌아섬.
- 필순 | ノ ハ 亼 屮 半 半 叛 叛 叛

亡 달아날 망
- 쓰임 | 逃亡(도망) : 피하거나 쫓기어 달아남. 敗亡(패망) : 전쟁에서 져서 망함.
- 필순 | 丶 亠 亡

115일 布射僚丸 (포사료환)

한나라의 여포는 화살을 잘 쏘았고, 웅의료는 포환을 잘 던졌다.

布 베포

- 쓰임 | 布巾(포건) : 베로 만들어 머리에 쓰는 건.
- 필순 | 一 ナ ナ 右 布

射 쏠 사

- 쓰임 | 射殺(사살) : 활이나 총 따위로 쏘아 죽임.
- 필순 | ′ ſ ň ň 月 身 身 射 射

僚 벗 료

- 쓰임 | 同僚(동료) : 같은 직장이나 같은 부문에서 함께 일하는 사람.
- 필순 | ノ 亻 亻 伊 伊 伊 伊 伊 僚 僚 僚 僚 僚

丸 둥글 환

- 쓰임 | 丸藥(환약) : 약재를 빻아 반죽하여 작고 둥글게 만든 약. 彈丸(탄환) : 총알.
- 필순 | ノ 九 丸

115일 嵇琴阮嘯 (혜금완소)

위나라 혜강은 거문고를 잘 탔고, 완적은 휘파람을 잘 불었다.

嵇 메 혜

- 쓰임 | 嵇康(혜강) : 중국 삼국 시대 위나라의 시인·철학자.
- 필순 | ノ 二 千 千 禾 禾 禾 秆 秆 秹 嵇 嵇

琴 거문고 금

- 쓰임 | 心琴(심금) : 자극에 따라 미묘하게 움직이는 마음을 '거문고'에 비유한 말.
- 필순 | 一 T 王 王 珏 珏 珏 玨 琴 琴 琴

阮 나라 이름 완

- 쓰임 | 阮籍(완적) : 중국 삼국 시대 위나라의 사상가·시인.
- 필순 | ' 3 阝 阝 阝 阡 阮

嘯 휘파람 불 소

- 쓰임 | 嘯詠(소영) : 시가를 읊음.
- 필순 | 丨 口 口 叮 吁 吁 吁 吁 吁 喃 喃 嘯 嘯

116일 恬筆倫紙 (염필륜지)

진나라의 몽념은 토끼털로 붓을 만들었고
후한의 채륜은 처음 종이를 만들었다.

恬 편안할 념
- **쓰임** | 蒙恬(몽념) : 중국 진나라의 장군으로, 붓을 처음 만듦.
- **필순** | ′ ″ ′′ 忄 忄 忄 忊 恬 恬 恬

筆 붓 필
- **쓰임** | 筆記(필기) : 글씨를 씀. 自筆(자필) : 자기 손으로 직접 씀.
- **필순** | ′ ″ ⺮ ⺮ ⺮ 竹 笃 筀 筀 笔 筆

倫 인륜 륜
- **쓰임** | 倫理(윤리) : 사람이 지켜야 할 도리와 규범.
- **필순** | ′ 亻 亻 伙 伙 伶 伶 倫 倫

紙 종이 지
- **쓰임** | 紙面(지면) : 종이의 겉면. 白紙(백지) : 흰 빛깔의 종이.
- **필순** | ′ ⺌ 幺 幺 糸 糸 紅 紅 紙 紙

116일 鈞巧任釣 (균교임조)

위나라의 마균은 지남거를 만들고
전국 시대 임공자는 낚시를 만들었다.

鈞 서른근 균
- 쓰임: 鈞衡(균형) : 어느 한쪽으로 치우치지 않음.
- 필순: ノ 丿 ㄥ 乍 乍 乍 釒 金 釒 鈞 鈞 鈞

巧 공교할 교
- 쓰임: 巧妙(교묘) : 솜씨나 꾀 따위가 재치 있고 약삭빠름.
- 필순: 一 T I I丁 巧

任 맡길 임
- 쓰임: 任期(임기) : 임무를 맡아보는 일정한 기간. 信任(신임) : 믿고 일을 맡김.
- 필순: ノ 亻 亻 仁 任 任

釣 낚시 조
- 쓰임: 釣臺(조대) : 낚시터. 釣針(조침) : 낚싯바늘.
- 필순: ノ 丿 ㄥ 乍 乍 乍 釒 金 釒 釣 釣

117일 釋紛利俗 (석분리속)

백성들의 근심을 풀어 주고 인간 생활을 이롭게 하였다.

釋 놓을 석
- **쓰임**: 釋放(석방) : 법에 의하여 구속된 사람을 풀어 자유롭게 함.
- **필순**: 釋

紛 어지러울 분
- **쓰임**: 紛失(분실) : 잃어버림. 内紛(내분) : 내부에서 일어난 분쟁.
- **필순**: 紛

利 이로울 리
- **쓰임**: 利用(이용) : 물건을 이롭게 쓰거나 쓸모 있게 씀. 勝利(승리) : 싸워서 이김.
- **필순**: 利

俗 풍속 속
- **쓰임**: 低俗(저속) : 품은 뜻이나 인격 따위가 낮고 속됨.
- **필순**: 俗

117일 竝皆佳妙 (병개가묘)

모두가 아름다우며 묘한 재주였다.

竝 아우를 병

- 쓰임 | 竝列(병렬) : 여럿이 나란히 벌여 섬. 竝立(병립) : 나란히 섬.
- 필순 | ` ＾ ナ 寸 立 立' 立十 立ナ 竝`

皆 다 개

- 쓰임 | 皆勤(개근) : 학교나 직장 따위에 일정한 기간 동안 하루도 빠짐없이 출석하거나 출근함.
- 필순 | `一 ト 上 比 比 毕 毕 皆 皆`

佳 아름다울 가

- 쓰임 | 佳境(가경) : 한창 재미있는 판이나 고비. 佳約(가약) : 아름다운 약속.
- 필순 | `ノ 亻 亻' 亻土 仹 佳 佳`

妙 묘할 묘

- 쓰임 | 妙技(묘기) : 교묘한 기술과 재주. 妙案(묘안) : 아주 뛰어난 생각.
- 필순 | `く 女 女 女' 女丿 妙 妙`

118일 毛施淑姿 (모시숙자)

모는 오나라의 모장이라는 여자이고 시는 월나라의 서시라는 여자인데, 모두 절세의 미인이었다.

毛 털 모
- **쓰임**: 毛布(모포): 담요. 不毛地(불모지): 식물이 자라지 않는 거칠고 메마른 땅.
- **필순**: ノ 二 三 毛

施 베풀 시
- **쓰임**: 施行(시행): 실제로 행함. 施設(시설): 도구나 장치 등을 베풀어 차림.
- **필순**: 丶 亠 方 方 方 扩 扩 拖 施

淑 맑을 숙
- **쓰임**: 淑女(숙녀): 정숙하고 품위 있는 여자. 靜淑(정숙): 여자의 성품이 조용하고 얌전함.
- **필순**: 丶 冫 氵 汁 汁 汁 汁 汁 淑 淑

姿 모양 자
- **쓰임**: 姿態(자태): 어떤 모양이나 태도. 姿色(자색): 여자의 용모와 안색.
- **필순**: 一 丶 冫 冫 次 次 咨 姿

118일 工嚬姸笑 (공빈연소)

특히 서시는 찡그리는 모습조차 아름다워 흉내 낼 수 없거늘, 그 웃는 모습은 얼마나 곱겠는가.

工 장인 공	쓰임	人工(인공) : 사람의 힘으로 자연물과 똑같은 것을 만들어 내는 일.
	필순	一 丁 工

嚬 찡그릴 빈	쓰임	嚬蹙(빈축) : 눈살을 찌푸리고 얼굴을 찡그림.
	필순	丨 冂 冂 叩 叩 呷 呷 呷 嚊 嚊 嚊 嚊 嚊 嚊 嚊

姸 고울 연	쓰임	姸人(연인) : 아름다운 사람. 姸華(연화) : 아름답고 화려함.
	필순	ㄑ ㄥ 女 女 奵 奵 奵 姸 姸

笑 웃음 소	쓰임	大笑(대소) : 소리 내어 크게 웃음. 失笑(실소) : 참지 못하고 저도 모르게 웃음.
	필순	ノ 一 十 夲 竺 竺 竺 竺 笒 笑

119일 年矢每催 (연시매최)

세월은 나는 화살처럼 빠르니,
이 빠른 세월은 항상 다음 해를 재촉한다.

年 해 년
- **쓰임** | 年中(연중) : 한 해 동안. 年輩(연배) : 서로 비슷한 나이.
- **필순** | ノ ⺊ ⺊ 仁 午 年

矢 화살 시
- **쓰임** | 弓矢(궁시) : 활과 화살. 矢服(시복) : 화살을 넣는 통.
- **필순** | ノ ⺊ 仁 午 矢

每 매양 매
- **쓰임** | 每日(매일) : 날마다. 每事(매사) : 하나하나의 일.
- **필순** | ノ ⺊ ⺊ 仁 毎 每

催 재촉 최
- **쓰임** | 催告(최고) : 법률상 일정한 결과를 일으키기 위하여 상대편의 행위를 재촉함.
- **필순** | ノ 亻 亻 仁 什 仲 仲 件 佯 佯 催 催

119일 曦暉朗曜 (희휘랑요)

동녘 하늘의 아침 햇살은 밝게 온 세상을 비춘다.

曦 햇빛 희
쓰임 | 曦月(희월) : 해와 달. 曦光(희광) : 아침 햇빛.
필순 | ㅣ 冂 日 日 日 日' 日" 日" 晞 睎 睎 曦 曦 曦 曦 曦 曦

暉 빛날 휘
쓰임 | 暉映(휘영) : 광채가 비침.
필순 | ㅣ 冂 日 日 日' 日" 日" 昨 晧 暉 暉 暉

朗 밝을 랑
쓰임 | 朗讀(낭독) : 소리 내어 읽음. 明朗(명랑) : 맑고 밝음.
필순 | ` ´ ㄱ ㅋ 良 良 良 良 朗 朗 朗

曜 빛날 요
쓰임 | 火曜日(화요일) : 월요일을 기준으로 한 주의 둘째 날. 煥曜(환요) : 빛남.
필순 | ㅣ 冂 日 日 日' 日" 日" 日" 昒 昭 曜 曜 曜 曜

120일 璇璣懸斡 (선기현알)

선기가 높이 걸려 돈다.
선기는 천기를 보는 기구이다. 옛날 중국 천문학자들은 이것을 공중에 매달아 놓고 천체를 관찰하였다.

璇 구슬 선
- **쓰임**: 璇室(선실) : 옥으로 장식한 방. 璇珠(선주) : 아름다운 옥.
- **필순**: 一 T F F 王 王 玗 玙 玙 玙 玙 玙 璇 璇

璣 구슬 기
- **쓰임**: 珠璣(주기) : 구슬.
- **필순**: 一 T F F 王 王 玗 玗' 玗" 玗幺 玗幺 玗幺 璣 璣 璣

懸 달 현
- **쓰임**: 懸車(현거) : 수레를 건다는 뜻으로, 늙어서 벼슬을 그만두는 것을 의미함.
- **필순**: 丨 冂 日 目 县 県 県 県 県 県 縣 縣 縣 懸 懸 懸

斡 돌 알
- **쓰임**: 斡旋(알선) : 남의 일을 잘되도록 마련하여 줌.
- **필순**: 一 十 𠂉 亼 古 古 直 卓 卓 龺 龺 龺 龺 斡

120일 晦魄環照 (회백환조)

달이 고리와 같이 돌며 천지를 비춘다.

晦 그믐 회
쓰임 | 晦冥(회명) : 어두컴컴함. 晦朔(회삭) : 그믐과 초하루.
필순 | 丨 冂 日 日 日 旷 旷 昤 晦 晦 晦

魄 넋 백
쓰임 | 氣魄(기백) : 씩씩한 기상과 진취성이 있는 정신. 魂魄(혼백) : 넋.
필순 | ´ ⺈ ⺈ 冂 白 白 白́ 白́ 魄 魄 魄 魄 魄 魄

環 고리 환
쓰임 | 花環(화환) : 조화나 생화를 모아 고리 모양으로 만든 것.
필순 | 一 T F 王 王 玗 珋 瑉 琾 琿 環 環 環 環 環

照 비칠 조
쓰임 | 照明(조명) : 빛으로 비추어 밝게 함. 對照(대조) : 둘 이상의 대상을 맞대어 봄.
필순 | 丨 冂 日 日 旷 旷 昭 昭 昭 照 照 照

249

121일 指薪修祐 (지신수우)

불타는 나무와 같은 정열로 도리를 닦으면 복을 얻는다.

指 가리킬 지
- **쓰임**: 指定(지정) : 무엇을 어떻게 하라고 가리켜 정함.
- **필순**: 一 十 扌 扌 扩 扩 指 指 指

薪 땔나무 신
- **쓰임**: 薪柴(신시) : 장작과 섶나무. 薪樵(신초) : 땔나무.
- **필순**: 一 十 艹 艹 艹 艹 芇 芇 茅 茅 茅 新 薪 薪 薪

修 닦을 수
- **쓰임**: 修身(수신) : 마음과 행실을 바르게 하는 일.
- **필순**: 丿 亻 亻 亻 攸 攸 攸 修 修 修

祐 도울 우
- **쓰임**: 祐助(우조) : 신령의 도움. 天祐(천우) : 하늘의 도움.
- **필순**: 一 ニ 千 千 示 示 衤 衤 祐 祐 (示=衤)

121일 永綏吉邵 (영수길소)

영구히 편안하고 길함이 높으리라.

永 길 영
- **쓰임**: 永生(영생): 영원히 삶. 永住(영주): 한곳에 오래 삶.
- **필순**: ` 亅 亅 永 永

綏 편안할 수
- **쓰임**: 綏肆(수사): 편안하여 멋대로임. 綏安(수안): 다스려 평안하게 함.
- **필순**: ` 乡 幺 幺 糸 糸 紆 紓 紓 絞 綏 綏

吉 길할 길
- **쓰임**: 吉日(길일): 좋은 날. 吉人(길인): 성품이 바르고 복스러워 좋은 사람.
- **필순**: 一 十 士 吉 吉 吉

邵 높을 소
- **쓰임**: 邵雍(소옹): 중국 송나라 때의 학자.
- **필순**: フ カ 刀 召 召 召' 召⻏ 邵

122일 矩步引領 (구보인령)

법도에 따라 걸으며 머리를 들고 자세를 바로 해야 한다.

矩 법 구

쓰임 | 矩度(구도) : 법칙. 矩步(구보) : 바른 걸음걸이.

필순 | ノ 亠 宀 宀 矢 矢 矢 知 矩 矩 矩

步 걸음 보

쓰임 | 步道(보도) : 사람이 다니는 길. 競步(경보) : 걸어서 빠르기를 겨루는 육상 경기.

필순 | 丨 ト 止 止 步 步 步

引 끌 인

쓰임 | 引上(인상) : 값을 올림. 引力(인력) : 물체가 서로 당기는 힘.

필순 | ㄱ ㄱ 弓 引

領 차지할 령

쓰임 | 領海(영해) : 통치권이 미치는 영토에 인접한 해역.

필순 | ノ 亠 宀 今 今 令 令 令 領 領 領 領 領 領

122일 俯仰廊廟 (부앙랑묘)

낭묘, 즉 궁전이나 사당의 복도에서 신하는 머리를 숙이고 드는 것을 법도에 맞도록 해야 한다.

俯 구부릴 부
- 쓰임 | 俯仰(부앙) : 하늘을 우러러보고 땅을 굽어봄.
- 필순 | ノ 亻 亻 仁 仁 俨 俯 俯 俯 俯

仰 우러를 앙
- 쓰임 | 仰天(앙천) : 하늘을 우러러봄. 信仰(신앙) : 믿고 받드는 일.
- 필순 | ノ 亻 亻 亻 仰 仰

廊 행랑 랑
- 쓰임 | 行廊(행랑) : 대문 양쪽으로 있는 방. 畵廊(화랑) : 미술품을 전시하는 시설.
- 필순 | 丶 亠 广 广 庁 庁 序 庐 庐 庑 廊 廊 廊

廟 사당 묘
- 쓰임 | 廟堂(묘당) : 조선 시대 '의정부'의 별칭. 家廟(가묘) : 한 집안의 사당.
- 필순 | 丶 亠 广 广 广 庁 庁 庐 庐 庐 庙 廟 廟 廟

123일 束帶矜莊 (속대긍장)

의복에 주의하여 단정히 함으로써 긍지를 갖는다.

束 묶을 속
- **쓰임**: 約束(약속) : 어떤 일에 대하여 서로 어기지 않을 것을 다짐함.
- **필순**: 一 ㄱ ㄷ 叶 束 束 束

帶 띠 대
- **쓰임**: 連帶(연대) : 두 사람 이상이 함께 무슨 일을 하거나 함께 책임을 지는 일.
- **필순**: 一 卄 卅 卅 卅 卅 带 带 带 带

矜 자랑할 긍
- **쓰임**: 矜持(긍지) : 스스로 자랑하는 마음. 矜恤(긍휼) : 불쌍히 여김.
- **필순**: 一 マ 3 予 矛 矛 矜 矜 矜

莊 씩씩할 장
- **쓰임**: 莊嚴(장엄) : 엄숙하고 위엄이 있음. 別莊(별장) : 경치 좋은 곳에 따로 마련한 집.
- **필순**: 一 十 艹 艹 疒 庁 庁 莊 莊 莊

123일 徘徊瞻眺 (배회첨조)

군자는 쓸데없이 여기저기를 배회하거나,
먼 곳이나 아무 데고 눈을 돌려 바라보지 아니한다.

徘 배회 배

- 쓰임 | 徘徊(배회) : 목적 없이 거님.
- 필순 | ノ ノ 彳 彳 彳 彳 彳 彳 徘 徘 徘

徊 배회 회

- 쓰임 | 徊翔(회상) : 새가 하늘을 빙빙 날아 돎.
- 필순 | ノ ノ 彳 彳 彳 彳 徊 徊 徊

瞻 볼 첨

- 쓰임 | 瞻星臺(첨성대) : 동양에서 현존하는 가장 오래된 천문대. 瞻眺(첨조) : 쳐다봄.
- 필순 | 丨 冂 冃 目 目 目 旷 旷 旷 旷 旷 瞻 瞻 瞻 瞻

眺 볼 조

- 쓰임 | 眺望(조망) : 먼 곳을 널리 바라봄. 眺覽(조람) : 멀리 바라봄.
- 필순 | 丨 冂 冃 目 目 目 眇 眺 眺 眺

124일 孤陋寡聞 (고루과문)

외롭게 자라서 보고 들은 것이 적다.
이 글을 지은 주흥사 자신을 겸손하게 말한 것이다.

孤 외로울 고
- **쓰임**: 孤立(고립) : 외따로 떨어져 있음. 孤兒(고아) : 부모가 없는 아이.
- **필순**: ㇇ 孑 孑 孑 孤 孤 孤 孤

陋 더러울 루
- **쓰임**: 陋名(누명) : 사실이 아닌 일로 이름을 더럽히는 억울한 평판.
- **필순**: ㇇ ㇇ 阝 阝 阝 阝 阝 陋 陋

寡 적을 과
- **쓰임**: 寡聞(과문) : 보고 들은 것이 적음. 寡婦(과부) : 남편이 죽어 혼자 사는 여자.
- **필순**: 丶 丷 宀 宀 宀 宁 宵 宵 宙 宣 寍 寡 寡 寡

聞 들을 문
- **쓰임**: 所聞(소문) : 여러 사람의 입에 오르내리면서 전하여 오는 말.
- **필순**: 丨 ㇅ 阝 阝 阝 阝 門 門 門 門 閂 閅 聞 聞

124일 愚蒙等誚 (우몽등초)

어리석고 무지한 사람들마저 그를 비난한다.

| 愚
 어리석을 우 | 쓰임 \| 愚問(우문) : 어리석은 질문. 愚直(우직) : 어리석고 고지식함.
 필순 \| 丶 冂 曰 日 므 旦 昌 禺 禺 禺 愚 愚 愚 |

| 蒙
 어릴 몽 | 쓰임 \| 童蒙(동몽) : 어려서 아직 사리에 어두운 아이.
 필순 \| 丶 丶 艹 艹 艹 艹 苩 苩 芎 芎 夢 蒙 蒙 |

| 等
 등급 등 | 쓰임 \| 等分(등분) : 똑같이 나눔. 平等(평등) : 치우침이 없이 모두가 한결같음.
 필순 \| 丶 丶 ト 竹 竹 竺 笁 笁 笁 等 等 |

| 誚
 꾸짖을 초 | 쓰임 \| 誚責(초책) : 꾸짖어 책망함. 誚讓(초양) : 꾸짖어 나무람.
 필순 \| 一 二 三 言 言 言 訁 訁 訊 訊 誚 誚 誚 |

125일 謂語助者 (위어조자)

어조사라 함은 한문의 조사로서 실질적인 뜻은 없고, 말의 뜻을 뒷받침하거나 완성시키는 보조적인 역할만 한다.

謂 이를 위

- **쓰임**: 所謂(소위) : 이른바.
- **필순**: 丶 亠 亠 吂 言 言 言 訂 訓 訓 謂 謂 謂 謂

語 말씀 어

- **쓰임**: 語學(어학) : 어떤 나라의 언어, 특히 문법을 연구하는 학문. 單語(단어) : 낱말.
- **필순**: 丶 亠 亠 吂 言 言 訂 訪 評 語 語 語

助 도울 조

- **쓰임**: 助敎(조교) : 대학의 교수 밑에서 연구와 사무를 돕는 직위.
- **필순**: 丨 冂 卩 且 且 助 助

者 놈 자

- **쓰임**: 長者(장자) : 어른. 作者(작자) : 책을 지은 사람.
- **필순**: 一 十 土 耂 耂 者 者 者

125일 焉哉乎也 (언재호야)

언·재·호·야, 이 네 글자가 있다.
무릇 사람이 학문을 닦았다면 이들을 제대로 사용하여
글을 잘 맺어야 한다.

焉 어찌 언

- **쓰임** | 焉敢生心(언감생심) : 감히 그런 마음을 품을 수 없음.
- **필순** | 一 丁 下 正 正 㐀 馬 馬 焉 焉 焉

哉 어조사 재

- **쓰임** | 快哉(쾌재) : 일 따위가 마음먹은 대로 잘되어 만족스럽게 여김.
- **필순** | 一 十 土 卡 吉 吉 哉 哉 哉

乎 어조사 호

- **쓰임** | 斷乎(단호) : 결심이나 태도, 입장 따위가 과단성 있고 매우 엄격함.
- **필순** | 丿 丷 ⺍ 丠 乎

也 어조사 야

- **쓰임** | 及其也(급기야) : 마지막에 가서는. 마침내.
- **필순** | ㄱ 也 也

찾아보기

ㄱ

駕 탈것 가	139
歌 노래 가	222
軻 사람 이름, 수레 가	178
佳 아름다울 가	243
嘉 아름다울 가	184
稼 심을 가	173
可 옳을 가	56
家 집 가	135
假 거짓 가	154
刻 새길 각	141
簡 편지 간	230
碣 돌 갈	168
竭 다할 갈	72
感 느낄 감	149
甘 달 감	88
鑑 거울 감	183
敢 감히 감	49
甲 갑옷 갑	121
薑 생강 강	25
糠 겨 강	213
岡 메 강	21
絳 붉을 강	205
羌 오랑캐 강	39
康 편안할 강	225
皆 다 개	243
蓋 덮을 개	46
芥 겨자 개	25
改 고칠 개	52
更 다시 갱	152
去 갈 거	89
擧 들 거	223
車 수레 거	139
居 살 거	192
渠 개천 거	198
巨 클 거	22
鉅 클 거	169
據 의지할 거	115
巾 수건 건	217
建 세울 건	62
劒 칼 검	22
遣 보낼 견	196
見 볼 견	190
堅 굳을 견	110
潔 맑을 결	218
結 맺을 결	19
謙 겸손할 겸	181
竟 마침내 경	85
驚 놀랄 경	117
慶 경사 경	67
經 경서 경	131
涇 경수 경	115
卿 벼슬 경	133
傾 기울 경	147
輕 가벼울 경	139
京 서울 경	113
景 경치 경	60
競 다툴 경	69
敬 공경할 경	71
誡 경계할 계	186
溪 시내 계	142
鷄 닭 계	167
階 섬돌 계	124
稽 상고할, 조아릴 계	228
啓 열 계	120
故 연고 고	214
皐 못 고	189
姑 할미 고	96
顧 돌아볼 고	231
鼓 북 고	123
羔 새끼양 고	59
古 옛 고	194
孤 외로울 고	256
高 높을 고	136
藁 짚 고	130
谷 골짜기 곡	64
曲 굽을 곡	144
轂 바퀴 곡	137
昆 맏 곤	168
崑 메 곤	21
鯤 곤이 곤	204
困 곤할 곤	153
功 공 공	140
孔 구멍 공	98
空 빌 공	64
恭 공손할 공	48
恐 두려울 공	229
拱 두 손 맞잡을 공	37
工 장인 공	245
貢 바칠 공	176
公 공평할 공	146
過 허물, 지날 과	52
果 과실 과	24
寡 적을 과	256
冠 갓 관	136
觀 볼 관	117
官 벼슬 관	29
匡 바를 광	146
光 빛 광	23
曠 넓을 광	170
廣 넓을 광	126
槐 회화나무 괴	133
虢 비낄 괵	154
交 사귈 교	100
矯 들 교	224
巧 공교할 교	241
垢 때 구	232
驅 몰 구	137
矩 법 구	252
舊 옛 구	214
懼 두려울 구	229
口 입 구	211
駒 망아지 구	43
具 갖출 구	210
求 구할 구	194
九 아홉 구	162
國 나라 국	32
鞠 기를 국	48
君 임금 군	70
群 무리 군	129
軍 군사 군	159
郡 고을 군	163
躬 몸 궁	186
宮 집 궁	116
勸 권할 권	177
厥 그 궐	184
闕 집 궐	22
歸 돌아올 귀	41
貴 귀할 귀	90
規 법 규	101
鈞 서른 근 균	241
剋 이길 극	61
極 극진할 극	187
謹 삼갈 근	181
根 뿌리 근	202
近 가까울 근	188
琴 거문고 금	239
禽 새 금	118
金 쇠 금	20
給 줄 급	135
及 미칠 급	45
矜 자랑할 긍	254
基 그 기	185
起 일어날 기	158
綺 비단 기	148
譏 나무랄 기	186
器 그릇 기	57
飢 주릴 기	213
己 몸 기	55
旣 이미 기	128
璣 구슬 기	248
氣 기운 기	99
幾 거의 기	180
豈 어찌 기	49
基 터 기	84
機 틀 기	190
吉 길할 길	251

ㄴ

難 어려울 난	57
男 사내 남	51
南 남녘 남	174
納 바칠 납	124
囊 주머니 낭	207
柰 능금 내	24
內 안 내	126
乃 이에 내	31
女 계집 녀	50
年 해 년	246
念 생각 념	61
恬 편안할 념	240
寧 편안할 녕	151
農 농사 농	172
能 능할 능	53

ㄷ

多 많을 다	151
端 끝 단	63
丹 붉을 단	161
短 짧을 단	54
旦 아침 단	145
達 통달할 달	127
談 말씀 담	54
淡 맑을 담	26
答 대답 답	231
唐 당나라 당	33
棠 아가위 당	88
堂 집 당	65
當 마땅할 당	72
對 대답 대	121
帶 띠 대	254
岱 대산 대	164
大 큰 대	47
德 큰 덕	62
途 길 도	154
道 길 도	36
盜 도둑 도	236
陶 질그릇 도	33
圖 그림 도	118
都 도읍 도	112
獨 홀로 독	204
篤 두터울 독	82
讀 읽을 독	206
犢 송아지 독	234
頓 두드릴 돈	224
敦 도타울 돈	178
東 동녘 동	113
桐 오동 동	201
冬 겨울 동	15
洞 고을 동	169
動 움직일 동	107
同 같을 동	99
杜 막을 두	130
得 얻을 득	53
等 등급 등	257
登 오를 등	86
騰 오를 등	18

ㄹ

羅 벌일 라	132
騾 노새 라	234
洛 낙수 락	114
落 떨어질 락	203
蘭 난초 란	76
藍 쪽 람	221
廊 행랑 랑	253
朗 밝을 랑	247
來 올 래	14
兩 두 량	190
量 헤아릴 량	57
糧 양식 량	215
良 어질 량	51
涼 서늘할 량	233
慮 생각 려	195
驢 나귀 려	234
麗 고울 려	20
黎 검을 려	38
呂 법칙 려	17
歷 지낼 력	198
力 힘 력	72
輦 손수레 련	136
連 이을 련	99
列 줄지을 렬	13
烈 매울 렬	50
廉 청렴 렴	104
令 하여금 령	83
靈 신령 령	119
聆 들을 령	182
領 차지할 령	252
禮 예도 례	91
隸 글씨 례	130
路 길 로	133
露 이슬 로	19
勞 수고로울 로	181
老 늙을 로	215

祿 녹 록	138
論 의논할 론	194
賴 힘입을 뢰	45
僚 벗 료	238
寥 공허할 료	193
龍 용 룡	28
樓 다락 루	117
累 더럽힐 루	196
陋 더러울 루	256
流 흐를 류	78
倫 인륜 륜	240
律 법 률	17
勒 새길 륵	141
凌 업신여길 릉	205
離 떠날 리	103
理 다스릴 리	182
李 오얏 리	24
利 이로울 리	242
履 밟을 리	74
鱗 비늘 린	27
林 수풀 림	189
臨 임할 림	74
立 설 립	62

ㅁ

磨 갈 마	101
摩 비빌 마	205
莫 없을 막	53
邈 멀 막	170
漠 아득할 막	160
萬 일만 만	45
晚 늦을 만	200
滿 찰 만	108
亡 달아날 망	237
罔 없을 망	54
忘 잊을 망	53
邙 터 망	114
莽 풀 망	199
每 매양 매	246
寐 잘 매	220
孟 맏 맹	178
盟 맹서 맹	155
面 낯 면	114
綿 솜 면	170
勉 힘쓸 면	185
眠 잘 면	220
滅 멸할 멸	154
銘 새길 명	141
名 이름 명	62
命 목숨 명	73
鳴 울 명	42

冥 어두울 명	171
明 밝을 명	127
母 어미 모	95
貌 모양 모	183
毛 털 모	244
慕 사모할 모	50
目 눈 목	207
木 나무 목	44
牧 칠 목	158
睦 화목할 목	92
蒙 어릴 몽	257
廟 사당 묘	253
杳 아득할 묘	171
妙 묘할 묘	243
畝 이랑 무/묘	174
武 무사 무	149
務 힘쓸 무	173
無 없을 무	85
茂 무성할 무	140
墨 먹 묵	58
默 잠잠할 묵	193
門 문 문	166
文 글월 문	30
聞 들을 문	256
問 물을 문	36
勿 말 물	150
物 만물 물	109
靡 아닐 미	55
美 아름다울 미	82
縻 얽을 미	111
微 작을 미	145
民 백성 민	34
密 빽빽할 밀	150

ㅂ

薄 얇을 박	74
磻 강 이름 반	142
盤 소반 반	116
飯 밥 반	210
叛 배반할 반	237
髮 터럭 발	46
發 필 발	35
傍 곁 방	120
方 모 방	45
房 방 방	217
紡 길쌈 방	216
背 등 배	114
陪 모실 배	136
杯 잔 배	223
拜 절 배	228
徘 배회 배	255

魄 넋 백	249
伯 맏 백	96
百 일백 백	163
白 흰 백	43
煩 번거로울 번	157
伐 칠 벌	34
法 법 법	156
壁 벽 벽	131
璧 구슬 벽	68
弁 고깔 변	125
辨 분별할 변	183
別 다를 별	91
丙 남녘 병	120
竝 아우를 병	243
幷 아우를 병	163
兵 군사 병	135
秉 잡을 병	179
寶 보배 보	68
步 걸음 보	252
伏 엎드릴 복	39
福 복 복	67
服 옷 복	31
覆 되풀이할 복	56
本 근본 본	172
奉 받들 봉	95
封 봉할 봉	134
鳳 봉황 봉	42
阜 언덕 부	144
浮 뜰 부	115
婦 며느리 부	93
俯 구부릴 부	253
父 아비 부	70
傅 스승 부	94
扶 도울 부	147
富 부자 부	138
府 관청 부	132
夫 남편 부	93
分 나눌 분	100
墳 무덤 분	128
紛 어지러울 분	242
不 아니 불/부	78
弗 아닐 불	103
飛 날 비	117
匪 아닐 비	105
非 아닐 비	68
枇 비파나무 비	200
碑 비석 비	141
卑 낮을 비	91
比 견줄 비	97
肥 살찔 비	139
悲 슬플 비	58
賓 손님 빈	41

嚬 찡그릴 빈	245

ㅅ

思 생각 사	80
使 하여금 사	56
史 사기 사	179
四 넉 사	47
沙 모래 사	160
謝 사례 사	197
寫 그릴 사	118
士 선비 사	151
祀 제사 사	227
仕 벼슬 사	86
師 스승 사	28
絲 실 사	58
射 쏠 사	238
辭 말씀 사	81
似 닮을 사	76
嗣 이을 사	226
斯 이 사	76
事 일 사	70
舍 집 사	120
肆 베풀 사	122
散 흩을 산	195
翔 날 상	27
相 서로 상	132
象 코끼리 상	221
霜 서리 상	19
裳 치마 상	31
顙 이마 상	228
嘗 맛볼, 가을의 제사 상	227
床 상 상	221
常 항상 상	47
箱 상자 상	207
觴 잔 상	223
賞 상줄 상	177
想 생각할 상	232
傷 상할 상	49
詳 자세할 상	231
塞 변방 새	166
穡 거둘 색	173
色 빛 색	183
索 찾을 색	192
生 날 생	20
笙 생황 생	123
書 글 서	131
西 서녘 서	113
庶 뭇 서	180
暑 더울 서	14
黍 기장 서	175

夕 저녁 석	220
石 돌 석	168
席 자리 석	122
釋 놓을 석	242
仙 신선 선	119
璇 구슬 선	248
禪 터 닦을 선	165
膳 반찬 선	210
扇 부채 선	218
宣 베풀 선	160
善 착할 선	67
設 베풀 설	122
攝 잡을 섭	87
成 이룰 성	16
聲 소리 성	64
星 별 성	125
誠 정성 성	82
聖 성인 성	61
城 재 성	167
性 성품 성	106
省 살필 성	186
盛 성할 성	77
世 인간 세	138
稅 부세 세	176
歲 해 세	16
宵 하늘 소	205
逍 노닐 소	195
嘯 휘파람 불 소	239
所 바 소	84
邵 높을 소	251
少 젊을 소	215
笑 웃음 소	245
疏 상소할 소	190
素 흴 소	178
俗 풍속 속	242
束 묶을 속	254
續 이을 속	226
屬 붙일 속	209
飧 저녁밥 손	210
率 거느릴 솔	41
松 소나무 송	77
悚 두려울 송	229
誰 누구 수	191
岫 산굴 수	171
收 거둘 수	15
殊 다를 수	90
隨 따를 수	93
首 머리 수	38
樹 나무 수	42
水 물 수	20
手 손 수	224
獸 짐승 수	118

261

찾아보기

垂	드리울 수	37	惡	악할 악	66	映	비칠 영	79	
修	닦을 수	250	雁	기러기 안	166	榮	영화 영	84	
受	받을 수	94	安	편안 안	81	豫	미리 예	225	
守	지킬 수	108	斡	돌 알	248	翳	가릴 예	202	
綏	편안할 수	251	巖	바위 암	171	藝	재주 예	175	
孰	누구 숙	145	仰	우러를 앙	253	乂	어질 예	150	
夙	이를 숙	75	愛	사랑 애	38	譽	칭찬할 예	161	
俶	비로소 숙	174	野	들 야	169	梧	오동 오	201	
叔	아저씨 숙	96	夜	밤 야	23	五	다섯 오	47	
淑	맑을 숙	244	也	어조사 야	259	玉	구슬 옥	21	
宿	잘 숙 / 별자리 수	13	躍	뛸 약	235	溫	따뜻할 온	75	
熟	익을 숙	176	約	언약 약	156	翫	구경할 완	206	
筍	대순 순	221	若	같을, 만약 약	80	阮	나라 이름 완	239	
瑟	비파 슬	123	弱	약할 약	147	曰	가로 왈	71	
習	익힐 습	65	養	기를 양	48	往	갈 왕	14	
陞	오를 승	124	驤	달릴 양	235	王	임금 왕	41	
承	이을 승	127	陽	볕 양	17	外	바깥 외	94	
詩	시 시	59	羊	양 양	59	畏	두려울 외	208	
時	때 시	143	讓	사양 양	32	曜	빛날 요	247	
矢	화살 시	246	魚	고기 어	179	遙	거닐 요	195	
侍	모실 시	217	飫	물릴 어	212	颻	날릴 요	203	
恃	믿을 시	55	於	어조사 어	172	要	요할 요	230	
始	처음 시	30	御	모실 어	216	欲	하고자 할 욕	57	
是	옳을 시	69	語	말씀 어	258	辱	욕할 욕	188	
市	시장 시	206	言	말씀 언	81	浴	목욕할 욕	232	
施	베풀 시	244	焉	어찌 언	259	容	얼굴 용	80	
食	밥 식	43	奄	문득 엄	144	用	쓸 용	159	
息	쉴 식	78	嚴	엄할 엄	71	庸	떳떳할 용	180	
植	심을 식	185	業	업 업	84	禹	우임금 우	162	
寔	이 식	151	與	더불어 여	71	羽	깃 우	27	
愼	삼갈 신	83	如	같을 여	77	友	벗 우	100	
身	몸 신	46	餘	남을 여	16	雨	비 우	18	
薪	땔나무 신	250	亦	또 역	129	祐	도울 우	250	
新	새 신	176	筵	자리 연	122	愚	어리석을 우	257	
神	귀신 신	107	淵	못 연	79	寓	붙일 우	207	
信	믿을 신	56	緣	인연 연	67	宇	집 우	11	
臣	신하 신	39	姸	고울 연	245	右	오른쪽 우	126	
實	열매 실	140	讌	잔치 연	222	優	넉넉할 우	86	
深	깊을 심	74	說	기쁠 열 / 말씀 설	149	虞	염려할 우	33	
尋	찾을 심	194	悅	기쁠 열	225	運	운동 운	204	
心	마음 심	107	熱	뜨거울 열	233	云	이를, 구름 운	165	
審	살필 심	231	厭	싫을 염	213	雲	구름 운	18	
甚	심할 심	85	染	물들일 염	58	鬱	울창할 울	116	
			葉	잎 엽	203	圓	둥글 원	218	
ㅇ			永	길 영	251	垣	담 원	209	
			纓	끈 영	137	遠	멀 원	170	
我	나 아	175	楹	기둥 영	121	園	동산 원	199	
阿	언덕 아	143	英	꽃부리 영	129	願	원할 원	233	
雅	맑을 아	110	營	경영 영	145	月	달 월	12	
兒	아이 아	97	詠	읊을 영	89	煒	빛날 위	219	
嶽	산마루 악	164	盈	찰 영	12	委	맡길, 시들 위	202	
樂	풍류 악	90				魏	나라 이름 위	153	

謂	이를 위	258	者	놈 자	258
位	자리 위	32	子	아들 자	97
渭	위수 위	115	自	스스로 자	111
威	위엄 위	160	資	재물 자	70
爲	할 위	19	姿	모양 자	244
猷	꾀 유	184	紫	붉을 자	166
遊	놀 유	204	玆	이 자	173
帷	장막 유	217	字	글자 자	30
攸	바 유	208	慈	인자할 자	102
輶	가벼울 유	208	爵	벼슬 작	111
猶	같을 유	97	作	지을 작	61
維	이을 유	60	箴	경계 잠	101
有	있을 유	33	潛	잠길 잠	27
惟	생각할, 오직 유	48	章	글 장	37
育	기를 육	38	長	긴 장	55
閏	윤달 윤	16	墻	담 장	209
尹	벼슬 윤	142	場	마당 장	43
戎	오랑캐 융	39	帳	장막 장	121
殷	나라, 성할 은	35	將	장수 장	132
銀	은 은	219	腸	창자 장	211
隱	숨을, 가엾게 할 은	102	藏	감출 장	15
陰	세월, 그늘 음	69	張	베풀 장	13
音	소리 음	182	莊	씩씩할 장	254
邑	고을 읍	112	再	두 재	228
儀	거동 의	95	宰	재상 재	212
意	뜻 의	109	載	실을 재	174
衣	옷 의	31	在	있을 재	42
義	옳을 의	104	才	재주 재	51
疑	의심할 의	125	哉	어조사 재	259
宜	마땅할 의	83	賊	도둑 적	236
耳	귀 이	209	嫡	정실 적	226
移	옮길 이	109	績	길쌈 적	216
二	두 이	113	適	맞을 적	211
異	다를 이	215	的	맞을 적	198
而	어조사 이	89	赤	붉을 적	167
以	써 이	88	積	쌓을 적	66
邇	가까울 이	40	籍	호적 적	85
易	쉬울 이	208	跡	자취 적	162
伊	저 이	142	寂	고요할 적	193
貽	끼칠 이	184	殿	대궐 전	116
益	더할 익	89	轉	구를 전	125
引	끌 인	252	翦	자를 전	158
人	사람 인	29	田	밭 전	167
仁	어질 인	102	典	법 전	128
因	인할 인	66	牋	종이 전	230
日	날 일	12	顚	넘어질 전	105
壹	한 일	40	傳	전할 전	64
逸	편안할 일	106	節	마디 절	104
任	맡길 임	241	切	끊을 절	101
入	들 입	95	接	이을 접	223
			庭	뜰 정	169
ㅈ			情	뜻 정	106

正	바를 정	63	遵	좇을 준	156	千	일천 천	135	土	흙 토	155	虛	빌 허	65
政	정사 정	87	中	가운데 중	180	賤	천할 천	90	通	통할 통	126	懸	달 현	248
靜	고요할 정	106	重	무거울 중	25	瞻	볼 첨	255	退	물러날 퇴	104	玄	검을 현	10
貞	곧을 정	50	卽	곧 즉	189	牒	편지 첩	230	投	던질 투	100	縣	고을 현	134
亭	정자 정	165	蒸	찔·제사이름증	227	妾	첩 첩	216	特	특별할 특	234	絃	줄 현	222
丁	장정 정	149	增	더할 증	187	靑	푸를 청	161				賢	어질 현	60
淸	서늘할 정	75	之	갈 지	77	聽	들을 청	65	ㅍ			俠	낄 협	133
定	정할 정	81	祗	공경할 지	185	體	몸 체	40				形	얼굴 형	63
精	정할 정	159	地	땅 지	10	楚	초나라 초	152	頗	자못 파	158	衡	저울대 형	143
帝	임금 제	28	志	뜻 지	108	招	부를 초	197	把	비파나무 파	200	兄	맏 형	98
濟	건널 제	147	池	연못 지	168	超	뛰어넘을 초	235	八	여덟 팔	134	刑	형벌 형	157
諸	모두 제	96	知	알 지	52	誚	꾸짖을 초	257	霸	으뜸 패	152	馨	향기로울 형	76
祭	제사 제	227	紙	종이 지	240	初	처음 초	82	沛	자빠질 패	105	嵇	메 혜	239
弟	아우 제	98	枝	가지 지	99	草	풀 초	44	烹	삶을 팽	212	惠	은혜 혜	148
制	지을 제	30	持	가질 지	110	燭	촛불 촉	219	平	평평할 평	37	號	이름 호	22
趙	나라 조	153	止	그칠 지	80	寸	마디 촌	69	陛	섬돌 폐	124	戶	집 호	134
調	고를 조	17	指	가리킬 지	250	寵	사랑할 총	187	弊	해질 폐	157	乎	어조사 호	259
凋	마를 조	201	職	직분 직	87	最	가장 최	159	飽	배부를 포	212	好	좋을 호	111
早	이를 조	201	直	곧을 직	179	催	재촉 최	246	布	베 포	238	洪	넓을 홍	11
條	조목 조	199	稷	피 직	175	抽	빼낼 추	199	捕	잡을 포	237	華	빛날,중국 화	112
糟	술지게미 조	213	晉	진나라 진	152	推	밀 추	32	表	겉 표	63	畵	그림 화	119
眺	볼 조	255	秦	진나라 진	163	秋	가을 추	15	飄	날릴 표	203	火	불 화	28
弔	조상할 조	34	珍	보배 진	24	逐	쫓을 축	109	被	입을 피	44	禍	재앙 화	66
鳥	새 조	29	辰	별 진	13	出	날 출	21	彼	저 피	54	和	화할 화	92
釣	낚시 조	241	眞	참 진	108	黜	내칠 출	177	疲	피로할 피	107	化	될 화	44
助	도울 조	258	振	떨칠 진	137	忠	충성 충	73	筆	붓 필	240	丸	둥글 환	238
操	잡을 조	110	陳	진칠 진	202	充	채울 충	211	必	반드시 필	52	紈	흰 비단 환	218
造	지을 조	103	盡	다할 진	73	翠	푸를 취	200	逼	핍박할 핍	191	環	고리 환	249
組	짤 조	191	集	모을 집	128	吹	불 취	123				桓	굳셀 환	146
照	비칠 조	249	執	잡을 집	233	聚	모을 취	129	ㅎ			歡	기뻐할 환	197
朝	아침 조	36	澄	맑을 징	79	取	취할 취	79				皇	임금 황	29
足	발 족	224				昃	기울 측	12	下	아래 하	92	煌	빛날 황	219
尊	높을 존	91	ㅊ			惻	슬플 측	102	夏	여름 하	112	黃	누를 황	10
存	있을 존	88				致	이를 치	18	遐	멀 하	40	惶	두려울 황	229
宗	마루 종	164	次	버금 차	103	馳	달릴 치	161	河	물 하	26	荒	거칠 황	11
鐘	쇠북 종	130	且	또 차	225	治	다스릴 치	172	荷	짐 하	198	晦	그믐 회	249
從	쫓을 종	87	此	이 차	46	恥	부끄러울 치	188	何	어찌 하	156	回	돌아올 회	148
終	마칠 종	83	讚	기릴 찬	59	侈	사치할 치	138	學	배울 학	86	懷	품을 회	98
佐	도울 좌	143	察	살필 찰	182	勅	칙서 칙	181	韓	나라 한	157	會	모일 회	155
坐	앉을 좌	36	斬	벨 참	236	則	곧 즉 /		漢	한나라 한	148	徊	배회 회	255
左	왼쪽 좌	127	唱	부를 창	93		법칙 칙	73	寒	찰 한	14	獲	얻을 획	237
罪	허물 죄	34	菜	나물 채	25	親	친할 친	214	閑	한가할 한	192	橫	가로 횡	153
主	임금 주	165	彩	채색 채	119	漆	옻칠 칠	131	鹹	짤 함	26	孝	효도 효	72
晝	낮 주	220	策	꾀 책	140	沈	잠길 침	193	合	모을 합	146	效	본받을 효	51
奏	아뢸 주	196	處	곳 처	192	稱	일컬을 칭	23	抗	겨룰 항	187	後	뒤 후	226
周	두루 주	35	戚	겨레 척	214				恒	항상 항	164	訓	가르칠 훈	94
誅	벨 주	236	陟	오를 척	177	ㅌ			海	바다 해	26	毀	헐 훼	49
酒	술 주	222	慼	근심 척	197				駭	놀랄 해	235	暉	빛날 휘	247
珠	구슬 주	23	尺	자 척	68	耽	즐길 탐	206	骸	뼈 해	232	虧	이지러질 휴	105
州	고을 주	162	川	내 천	78	湯	끓일 탕	35	解	풀 해	191	欣	기쁠 흔	196
宙	집 주	11	天	하늘 천	10	殆	위태로울 태	188	行	다닐 행	60	興	흥할 흥	75
俊	준걸 준	150	踐	밟을 천	155	宅	집 택	144	幸	다행 행	189	曦	햇빛 희	247

263